CUMBRE

LIBRO DEL ALUMNO
NIVEL MEDIO

Aquilino Sánchez
Mª Teresa Espinet
Pascual Cantos

SGEL

SOCIEDAD GENERAL ESPAÑOLA DE LIBRERÍA, S.A.

Primera edición: 1995
Segunda edición: 1996
Tercera edición: 1997
Cuarta edición: 1998

Produce: SGEL-Educación
Avda. Valdelaparra, 29 - 28108 Alcobendas - MADRID.

Coordinación editorial: Julia Roncero.
© Aquilino Sánchez, Pascual Cantos, Mª Teresa Espinet, 1995.
© Sociedad General Española de Librería, S.A. 1995.
    Avda. Valdelaparra, 29 - 28108 Alcobendas - MADRID.

Cubierta y Diseño: Erika Hernández.
Maquetación: Erika Hernández.
Dibujos: Juan Carlos Martín Leroy.
         Luis Carrascón.
Aerografías: Erika Hernández.
Fotos: INCOLOR.
        Agencia EFE.
        Archivo Sgel.

I.S.B.N.: 84-7143-540-3
Depósito Legal: M.41.656-1997
Printed in Spain - Impreso en España.

Compone: Erika Hernández.
Imprime: Gráficas Peñalara, S.A.
Encuaderna: F. Méndez, S.L.

Curso de español para extranjeros en tres niveles :
- **Elemental**
- **Medio**
- **Superior**

En cada nivel:
- **Libro del alumno.**
- **Cuaderno de ejercicios.**
- **Guía didáctica.**
- **Juego de cassettes.**

PRESENTACIÓN

El método **Cumbre** constituye un sistema completo para la enseñanza del español, orientado especialmente a los jóvenes. Una de sus características distintivas es la utilización de un corpus lingüístico elaborado por SGEL, el cual ha permitido aportar una base experimental a los componentes léxicos y gramaticales.

El enfoque metodológico de **Cumbre** es comunicativo e integral. Se atiene en consecuencia, a los siguientes principios:

Selección de materiales según criterios funcionales, en el uso del español, de contextualización de los elementos lingüísticos introducidos y de pertinencia o relevancia de lo presentado, desde el punto de vista de la comunicación real.

Utilización de modelos de lengua básicamente auténticos, aunque modulados pedagógicamente.

Gradación en la introducción de nuevos materiales, siguiendo el criterio de sencillez y facilidad primero, para ir alcanzando progresivamente mayor complejidad y, por tanto, mayor dificultad.

Integración de todos los elementos psicológicos que propician la motivación y el aprendizaje (asignación de una tarea o proyecto).

Este es un método sin fronteras, en el que el alumno entra constantemente en contacto con la lengua y la cultura hispanas, en su ámbito más universal: contrastes lingüísticos, textos literarios y descriptivos, fotografías y mapas de todos los países de lengua española.

ÍNDICE DE CONTENIDOS

UNIDAD ÁREA TEMÁTICA	APRENDERÁS A...	GRAMÁTICA	ORTOGRAFÍA Y PRONUNCIACIÓN	VARIANTES USUALES DEL LENGUAJE	TEXTOS
5 La conservación del planeta Tierra.	Hablar de cantidades. Referirse al futuro, expresar acciones posibles, realizables, deseables, etc. Constatar hechos, hacer afirmaciones, describir el entorno físico.	Formas y usos del presente e imperfecto de subjuntivo. Estructuras para constatar hechos (con indicativo).	Uso enfático del pronombre personal sujeto ante el verbo.	En la comisaría de policía: declaración de pérdida o robo de algo.	*Juegos de la edad tardía* (L. Landero).
6 Situación social de la mujer.	Expresar posesión y pertenencia. Referirse a procesos incoativos, reincidencia, abandono de una acción. Expresar números, cantidades y fracciones.	(Pronombres posesivos) *El mío, la mía, los míos, las mías. Lo mío... Empezar a / Dejar de / Volver a. La mitad, el doble, el triple...* Formación de palabras mediante la terminación **-or/-ora.**	**Gu + e/i.** Valores fonéticos de **g** y **j.**	En la Oficina de Empleo Currículo.	Artículo del periódico *El Tiempo,* (Santa Fe de Bogotá, Colombia).
7 Situaciones y relatos.	Comprender el relato, expresar razones y causas. Expresar el carácter reflexivo y de impersonalidad. Usar la voz pasiva.	Algunos conectores del discurso (*porque, pero, ya que, de ahí que, en consecuencia, debido a*). Valores y usos de *se* (impersonal). La voz pasiva.	Diferentes acentos hispanos.	Frases y clichés para calificar a las personas.	*Un mundo sin Colón* (G. Cabrera Infante).
8 Consejos e instrucciones.	Comprender e interpretar instrucciones, consejos, normas relativas a la vida social, manejo de aparatos, etc. Leer e interpretar información pública.	Imperativo. *(Le/Te/Os) aconsejo que; debe usted; tiene usted que...* Régimen preposicional de algunos verbos. *Saber* y *conocer.*	Reglas de grafía para **b** y **v.**	Lenguaje de anuncios.	*El Hombre que lo tenía Todo, Todo, Todo* (M. A. Asturias).
R. 2	Unidad de revisión y autoevaluación				
9 Sociedad de consumo: los anuncios publicitarios.	Comprender el lenguaje publicitario. Expresar aprecio, calidad, la importancia o valía de algo. Establecer comparaciones. Expresar igualdad, indiferencia, preferencia.	Términos comparativos: *igual, diferente, lo mismo, mejor/peor que,* etc. *Importa; no importa.* Uso del subjuntivo con *Es igual que..., Da igual que..., Es indiferente que...*	El hiato y los diptongos.	De compras: expresiones propias del vendedor y del comprador.	Artículo del periódico *La Nación,* (Buenos Aires).

UNIDAD ÁREA TEMÁTICA	APRENDERÁS A...	GRAMÁTICA	ORTOGRAFÍA Y PRONUNCIACIÓN	VARIANTES USUALES DEL LENGUAJE	TEXTOS
10 Usos y costumbres	Expresar concesión, temporalidad. Relacionar hechos en distintos períodos de tiempo.	Usos del subjuntivo en oraciones concesivas y temporales. *Cuando* + indicativo subjuntivo. Derivación mediante sufijos (*-ito/a, -illo/a, -ería*).	Entonación en oraciones complejas, con pausas intermedias.	Expresiones usuales en México y sus equivalentes en España.	*Arráncame la vida* (Ángeles Mastreta).
11 La realidad tecnológica.	Expresar certeza y seguridad sobre algo. Expresar duda, posibilidad, extrañeza. Expresar opiniones, referencias, noticias, etc., de manera indirecta. Derivación mediante sufijos (*-dor/-dora*). El discurso indirecto.	*Sí, seguro que.../Estoy seguro de que...* *No sé si.../Parece que.../Dudo que...* *¡Qué raro que...!/Me extraña que...* *Dice/Dijo que...*	Separación silábica a fin de línea (I).	Lenguaje administrativo: modelo de instancia.	*Balada a la bicicleta.* (R. Alberti), *Ni pobre ni rico...* (M. Mihura).
12 El medio ambiente.	Expresar hipótesis, posibilidad, probabilidad. Expresar certeza, incertidumbre... respecto al futuro.	Usos del subjuntivo . *Quizás/Tal vez/Ojalá/Si* + verbo. *No sé si/como...* + verbo. Uso del futuro en la expresión de certeza.	Separación silábica a fin de línea (II).	Correspondencia familiar/ entre amigos.	Canción al niño Jesús (Gerardo Diego).
R. 3	Unidad de revisión y autoevaluación				
13 Aspectos de la sociedad	Expresar posibilidad y negar la posibilidad de algo. Expresar preferencias. Identificar con **quien, el cual, la cual...** Derivación de adjetivos en **-al**.	*Creo que...* + indicativo. *No creo que...* + subjuntivo. *Es posible/probable que...* + subjuntivo. *No es posible/ probable que...* + subjuntivo. *Quien/quienes. el/la cual, los/las cuales.*	Triptongos: pronunciación y acentuación gráfica.	Frases usuales (saludos, etc.).	*Nuevas memorias de Adriano* (A. Bryce Echenique).
14 El debate público.	Expresar opinión, punto de vista. Expresar conveniencia, adecuación a algo.	*Creo/Considero/Opino que... En mi opinión/Desde mi punto de vista...* *Es posible/conveniente/adecuado que... Vale la pena que...*	Grafía y pronunciación de **h, k, que, qui.**	Expresiones propias del debate. Expresiones de asentimiento.	*El misterio de la cripta embrujada* (E. Mendoza).
15 El futuro de las naciones hispanoamericanas.	Expresar condicionalidad, concesión; hacer referencia a hechos reales o no experimentados. Establecer relaciones temporales entre secuencias oracionales. Enunciar hechos o acciones posibles. Disculparse, asentir.	Uso del indicativo o subjuntivo (*Si/En caso de que...*). Correlación de tiempos verbales en oraciones complejas (*Si existe... es... /Si existiera... sería...*). *Lo siento mucho; Me sabe mal, pero; Es una pena,* etc. *¡Cómo no!; ¡Faltaba/Faltaría más; Con mucho gusto; Por supuesto.*	Grafía y pronunciación de **x, ch** y **ll.**	Alimentos y comidas: términos propios de España y de Hispanoamérica.	*Como agua para chocolate* (L. Esquivel).
R. 4	Unidad de revisión y autoevaluación				

HISPANOAMÉRICA

ESTADOS UNIDOS

MÉXICO

CUBA

REPÚBLICA DOMINICANA

PUERTO RICO

HONDURAS

GUATEMALA

NICARAGUA

EL SALVADOR

COSTA RICA

PANAMÁ

VENEZUELA

COLOMBIA

ECUADOR

PERÚ

BOLIVIA

PARAGUAY

CHILE

URUGUAY

ARGENTINA

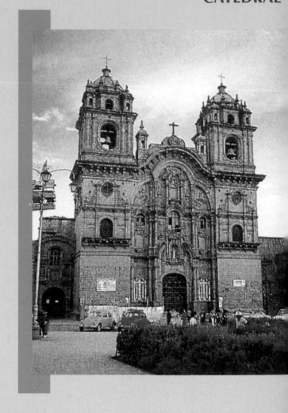

PLANTACIONES DE CAFÉ
COLOMBIA

MUJERES GUATEMALTECAS

LEÓN MARINO
PATAGONIA

CARACAS

LLAMAS
BOLIVIA

A. Quiero aprender español...

1. para hablar con españoles o hispanoamericanos,
2. para viajar a España,
3. para viajar a México,
4. para viajar a Hispanoamérica en general,
5. para leer literatura en español,
6. para ganar más en mi trabajo,
7. porque tengo que estudiar una lengua extranjera,
8. porque me obligan en el colegio, universidad, etc.,
9. porque quiero escribir en español a un/una amigo/a,
10. porque me gusta el español.

B. Quiero aprender español...

1. para entenderlo y hablarlo,
2. para leerlo y escribirlo.

C. Necesito aprender español...

1. para hablar con hombres de negocios,
2. para leer y contestar cartas,
3. para entender mejor la mentalidad hispana,
4. para hablar con amigos/as,
5. para estudiar en una universidad hispana.

D. Prefiero aprender español...

1. escuchando y repitiendo textos y frases,
2. memorizando palabras,
3. repasando y estudiando en casa las lecciones vistas en clase,
4. escuchando las explicaciones del profesor,
5. practicando y hablando en grupo,
6. pidiendo ayuda al profesor cuando la necesite,
7. estudiando la gramática y listas de vocabulario,
8. hablando con amigos/as,
9. escuchando cintas, viendo vídeos y películas en español,
10. pidiendo al profesor que corrija siempre mis errores,
11. haciendo muchos ejercicios de repetición y de gramática,
12. siguiendo el libro de texto,
13. escribiendo mucho en mi cuaderno,
14. haciendo actividades entretenidas en clase (juegos, adivinanzas...),
15. estudiando solo.

ZÓCALO
MÉXICO D.F.

ESPAÑA

MAR CANTÁBRICO

FRANCIA

OCÉANO

ATLÁNTICO

• LA CORUÑA   • OVIEDO   • BILBAO

• ZARAGOZA   • BARCELONA

PORTUGAL

• MADRID

• VALENCIA   ISLAS BALEARES

SEVILLA
•   • MURCIA   MAR MEDITERRÁNEO

CÁDIZ   MÁLAGA
•   •

ISLAS CANARIAS

FALLAS
VALENCIANAS

PLAYA DE LA CONCHA
(SAN SEBASTIÁN)

CATEDRAL
(SANTIAGO DE
COMPOSTELA)

Somos así

ÁREA TEMÁTICA: Currículo personal.

APRENDERÁS A: Identificar y describir a las personas (aspecto físico, vestido, carácter).
Expresar gusto/rechazo, deseos.
Describir hechos y características personales.

GRAMÁTICA: Tiempos de pasado (uso y contrastes).
Algunas irregularidades del pretérito indefinido.

ORTOGRAFÍA Y PRONUNCIACIÓN: Variantes ortográficas de **qué/que, quién/quien, cuál/cual, cómo/como, dónde/donde, cuándo/cuando.**

VARIANTES USUALES DEL LENGUAJE: Cumplidos sobre aspecto físico y vestido.

TEXTOS: Fragmentos de *La familia de Pascual Duarte* de C. J. Cela y *Crónica de una muerte anunciada* de G. García Márquez.

Sitúate

1. Completa las fichas de estas dos personas.

Sexo: ....
Color/raza: ....
Ojos: ....
Cabello: ....
Boca: ....
Nariz: ....
Joven/viejo/a (edad): ....
Vestido: ....
Zapatos: ....
Impresión general: ....

Sexo: ....
Color/raza: ....
Ojos: ....
Cabello: ....
Boca: ....
Nariz: ....
Joven/viejo/a (edad): ....
Vestido: ....
Zapatos: ....
Impresión general: ....

2. Escucha y completa.

a) *Francisca* .... *hace 18 años, en Almería, al sur de España y junto al mar. Ha empezado a* .... *Ciencias Económicas en la universidad. Ahora* ... *ya toda una mujer: es alta, morena,* ..... *ojos negros, cabello largo y mirada* .... *. Viste unos pantalones vaqueros y un* .... *. Lleva unos pendientes de plata, un anillo que* ..... *de oro y un par de pulseras. Su cara* ...., *su piel morena y su pequeña nariz la* .... *aún más guapa. En pocas palabras: Francisca es* ... *chica preciosa.*

b) *Fernando* .... *ya 19 años. Es camarero y su vida detrás* .... *mostrador le encanta: en su trabajo* .... *a todo tipo de personas, guapas y feas, de izquierdas y de* .... *. Él es fuerte y bastante alto: mide 1,75 m.* .... *el pelo corto (dice que no le* .... *dejarse el pelo largo), es moreno de cara, de* .... *verdosos y pequeños, boca* .... *y cara alargada y delgada. Le gusta vestir de* ....: *chaqueta blanca y* .... *negro.*

3. Escucha de nuevo la descripción de Francisca y Fernando y completa la información del recuadro.

Francisca

edad ....
altura ....
cabello ....
vestido ....
cara ....
profesión ....

Fernando

edad ....
altura ....
cabello ....
vestido ....
cara ....
profesión ....

Se dice así

Para describir personas

– **Es** (moreno/a, alto/a...).
– **Es de** cara redonda, nariz pequeña...
– **Tiene** los ojos negros...
– **Lleva** chaqueta blanca...
– **Ha cumplido** 18 años / **Tiene** 18 años.

4. Escucha la descripción de Carmela y señala las frases que oigas.

– Le encantan los anillos.
– Tiene los ojos azules.
– Quiere estudiar.
– No le importa estudiar mucho.
– Es alta y delgada.
– Le gusta llevar falda.
– Tiene 18 años.
– Ha nacido en León.
– Es alegre y extrovertida.

5. En parejas:
Leed y subrayad todas las palabras que describen a Carmela.

Carmela es de León y tiene 18 años. Todavía se siente joven, a veces casi una niña grande. Estudia en un Instituto de Bachillerato: el año próximo espera empezar en la universidad. Quiere estudiar Ingeniería Electrónica. Le encantan los ordenadores, los circuitos electrónicos. No le importa estudiar mucho; sabe que la carrera de ingeniería es más larga, pero ¿qué más da? Con los amigos y amigas Carmela parece diferente: es una chica alegre y extrovertida. Le gusta divertirse, bailar, salir de fiesta. De ojos azules y pelo un poco rubio, casi nunca lleva pantalones: le gusta llevar falda. Le encantan los anillos y los pendientes, pero no suele llevarlos porque "son incómodos".

6. **¿Quién es quién?**

a) **Asigna cada una de las descripciones a la imagen que corresponda.**

1. Lucía es joven y de pelo rubio. Lleva pendientes de oro.
2. Tiene 22 años, es alto y fuerte.
3. Ha cumplido 55 años y tiene el pelo blanco.
4. Es morena, de ojos grandes y boca redonda.
5. Sus ojos son claros, sus cabellos largos y su nariz pequeña. Es una mujer elegante.
6. Se llama Javier y le gusta vestir bien.

b) **Compara los resultados con los de tu compañero/a.**

7. **En grupos:**

¿Cuáles de los siguientes adjetivos pueden aplicarse en la descripción de cada uno/a de los miembros de tu grupo?

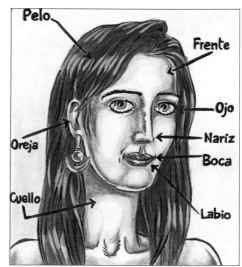

pelo:	corto/largo, rubio/moreno/castaño, liso/rizado.
frente:	ancha, despejada/pequeña.
ojos:	claros/oscuros, azules/marrones/ verdosos/castaños, alegres/tristes.
boca:	grande/pequeña, ancha/redondeada.
labios:	gruesos/finos, carnosos.
orejas:	grandes/pequeñas.
cuello:	largo, esbelto/corto.
nariz:	grande/pequeña, aguileña/chata.

8. **Describe la cara de algunos/as compañeros/as de clase. Usa estos elementos.**

- Tiene ....
- Es de ....
- Es ....
- Sus (ojos...) son ....

2 ¡Adelante!

Se dice así

– ¿*Te* gustan los hombres mal vestidos?
– No. *Me* gustan los hombres elegantes.

1. En parejas:
Haced frases así con las palabras del recuadro.

– *Me gustan los chicos/las chicas de ojos azules.*

ojos castaños	*cara redonda*	*cabello largo*	*cara morena*
labios finos	*altos y fuertes*	*rubias y delgadas*	*orejas pequeñas*
nariz chata	*frente ancha*	*cuello fino*	*pelo castaño*

2. Me gusta(n)...

a) Escribe cinco frases expresando lo que te gusta en el vestir, el comer, los deportes, el estudio y las personas.

b) Comunica tus gustos a la clase.

c) En conjunto: haced una lista-resumen con los "gustos de la clase" en cada uno de esos cinco temas.

3. Relaciona cada pregunta con su respuesta.

1. ¿Quién es usted?
2. ¿De qué país eres?
3. ¿Eres de Madrid?
4. ¿Es usted de México?
5. ¿Cuál es su nombre?
6. Y usted se llama...
7. ¿Qué es usted?
8. ¿Eres estudiante?
9. ¿Te gusta la música clásica?
10. ¿Es alta tu madre?
11. ¿Vives en la ciudad?

a. No, soy de Barcelona.
b. Soy el padre de Laura.
c. Sí, soy mexicano.
d. Soy de Inglaterra.
e. Fernando. Me llamo Fernando.
f. No, soy profesor.
g. Me llamo Ana.
h. Soy periodista.
i. Sí, vivo en Lima.
j. No, no es muy alta.
k. Sí, pero prefiero escuchar a Julio Iglesias.

4. Escucha y lee.

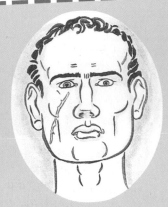

Se busca a un sospechoso...

Varón, de unos 35 años, con pelo corto, castaño y un poco rizado. Mide 1,70 de estatura, aproximadamente. Sus ojos son verdosos, su frente ancha y despejada, su mirada dura. Tiene la nariz chata y ancha, los labios gruesos, las orejas grandes y una cicatriz en la mejilla derecha. Es persona peligrosa. Si tiene usted noticias de una persona con estas características, comuníquelo a la comisaría de policía más cercana o llame al número 91-4358600, durante las 24 horas del día.

5. **a)** Lee de nuevo el texto anterior y compara la descripción con este retrato robot. Anota las diferencias.

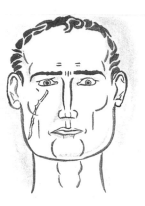

_____
_____
_____
_____

b) Compara los resultados con tu compañero/a.

6. Observa estos tres modelos y descríbelos según se indica.

1. Observad cómo va vestido cada uno de ellos y anotadlo.
2. Observad los rasgos del cuerpo y de la cara de cada uno y anotadlo también.
3. Anotad la impresión que os causa cada modelo, tanto por razón del vestido como por la cara, expresión, etc.
4. ¿Qué echáis de menos en cada uno de ellos, en el vestir, cuerpo, cara, etc.?

   Con estos datos,
   - organizad vuestras notas por temas.
   - escribid por qué os gusta más uno/a de los/las modelos.
   - escribid por qué os gustan menos los/as otros/as dos modelos.

3 En marcha

1. Lee esta autobiografía.

Nací cuando era todavía de noche, a las cinco de la madrugada de un mes de invierno, en diciembre. Fuera, en la calle, hacía mucho frío. Yo vine al mundo en una habitación humilde, calentada por el fuego de una chimenea poco elegante, pero eficaz. Crecí en un pueblo de poco más de mil habitantes, cerca de las montañas. Todavía no estaban nevadas, el día que yo nací. Pero recuerdo que de niño salía corriendo a la calle para ver las primeras nieves en la parte más alta de los montes.

Aprendí a leer en la escuela del pueblo. En la escuela éramos pocos. Y los niños estábamos separados de las niñas. Me gustaba mucho jugar. Muchas veces llegaba tarde a casa porque me quedaba jugando al fútbol con unos amigos. Era ligero, corría mucho. Mi amigo Pablo nunca podía alcanzarme y se enfadaba. Yo tenía entonces diez años solamente. Creo que era feliz en aquel ambiente. Un día llegué a casa y mis padres estaban muy ocupados: lo estaban empaquetando todo. Fuera, en la calle, había un camión. Al día siguiente nos fuimos a vivir a una ciudad. Hoy, con diecisiete años, no he olvidado mi vida en el campo. Pero también me gusta la vida en la ciudad.

Se dice así

Para referirnos a hechos pasados

a. Con el pretérito indefinido indicamos que la referencia a un hecho pasado se da por finalizada y sin relación con el presente en que se sitúa el hablante:

- ***Crecí*** *en un pueblo de poco más de mil habitantes.*

b. Con el imperfecto de indicativo hacemos referencia a un hecho pasado, sin más características:

- ***Me gustaba*** *mucho jugar.*

c. Si la referencia a hechos pasados la asociamos al presente en que nos encontramos, entonces se usa el pretérito perfecto:

- *Hoy, con 17 años, no **he olvidado** mi vida en el campo.*

2. En grupos:
Leed de nuevo el texto anterior y responded.

1. ¿Por qué creéis que el autor no menciona el año en que nació?
2. Enumerad las experiencias más importantes que recuerda el autor.
3. Imaginaos cómo era el niño a los diez años y describidlo (*Era, tenía, vestía...*):
   - estatura: - cara: - pelo:
   - cuello: - constitución física: - vestido:
4. Pensad en el pueblo en que vivía y en el paisaje: - describidlo y luego dibujadlo.

3. En parejas:
Haced preguntas y responded según el modelo.

– *¿En qué año naciste? / 1976.*
– *Nací en 1976.*

1. ¿Cuándo empezaste a ir a la escuela? / 1982.
2. ¿En qué mes naciste? / Diciembre.
3. ¿Cuándo empezaste a andar? / A los 11 meses.
4. ¿Cuándo aprendiste a leer? / A los 3 años.
5. ¿A qué edad viajaste en avión? / A los 10 años.
6. ¿Cuándo fuiste de vacaciones a la playa? / Verano.

4. Responde según el modelo.

– *¿Cuántos años cumplió Carmela? / 19*
– *Ha cumplido 19 años.*

1. ¿Cuántos años estuviste en la escuela? / 12
2. ¿Cuántos días permaneciste en la ciudad? / 7
3. ¿Cuántas semanas duró el campeonato? / 2
4. ¿Cuántos meses hubo nieve en la montaña? / 3
5. ¿Cuántos minutos estuvo bajo el agua? / 3

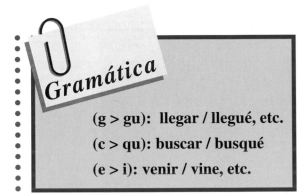

Gramática

(g > gu): llegar / llegué, etc.

(c > qu): buscar / busqué

(e > i): venir / vine, etc.

5. En parejas:
Escribid las formas del indefinido y del imperfecto de los siguientes verbos.

llegar, alcanzar, crecer, estar, buscar, poder, empezar, tener, venir, ser, jugar.

6. En grupos:
¿A qué palabra del texto del ejercicio 1 corresponden estas definiciones?

1. Elevación grande y natural de la tierra.
2. Hacer subir la temperatura de algo.
3. Irritarse por algo que molesta o perjudica.
4. Poner cosas en paquetes.
5. Vehículo grande y resistente usado para el transporte de mercancías.

7. Ortografía.

Algunas palabras se escriben
   - con acento gráfico: en frases interrogativas o si reciben algún tipo de énfasis, y
   - sin acento gráfico en los demás casos.
Así se comportan:
quién/quien, qué/que, cuál/cual, dónde/ donde, cómo/como, cuándo/cuando.

– *¿Quién llama?*
– *Quien avisa, no es traidor.*

– *¿Qué dices?*
– *Lo que dices no es verdad.*

Pon el acento gráfico donde sea necesario.

1. ¿Cual es su nombre?
2. ¿Quien dijo que era su amiga?
3. Vive en un lugar donde hay muchos árboles.
4. Cuando llega a casa es ya tarde.
5. ¿Cuando llega a casa?
6. ¿Que quieres que te diga?
7. Ponlo donde quieras y como quieras.
8. ¿Como se dice en español "por que"?

 de la palabra

En grupos y con la ayuda de un diccionario: explicad en qué se diferencian las personas...

atractivas	simpáticas	
antipáticas	irritables	coléricas
nerviosas	intranquilas	insoportables
delgadas	esbeltas	flacas
gordas	obesas	regorditas
pequeñas	bajas	achaparradas
fuertes	robustas	sanas

Variantes usuales del lenguaje

Para hacer cumplidos.

En España		**En Argentina**
Estás preciosa con este vestido.	⟷	*Estás muy linda con ese vestido.*
Son unos zapatos muy bonitos.	⟷	*Son unos zapatos muy lindos.*
¿Dónde los has comprado?	⟶	*¿Dónde los compraste?*
Este traje me encanta.	⟷	*Este traje me gusta.*
Te sienta pero que muy bien.	⟷	*Te queda bárbaro.*
El color va estupendamente con tu cabello.	⟷	*El color queda muy bien con tu cabello.*
¡Qué elegante vas hoy!	⟷	*¡Qué elegante estás/vas hoy!*

- A los cumplidos se responde aparentando quitar importancia a lo dicho.

¿De veras te gusta?	⟶	*¿De verdad te gusta?*
¿Va bien con mi cara?	⟷	*¿Queda bien con mi cara?*
Eres muy amable.	⟷	*Sos muy amable.*
Tú siempre exagerando.	⟷	*Vos siempre exagerando.*

Bayardo San Román, el hombre que devolvió a la esposa, había venido por primera vez en agosto del año anterior: seis meses antes de la boda. Llegó en el buque semanal con unas *alforjas* guarnecidas de plata que hacían juego con las *hebillas* de la correa y las argollas de los botines. Andaba por los treinta años, pero muy bien escondidos, pues tenía una cintura *angosta* de novillero, los ojos dorados, y la piel cocinada a fuego lento por la *salitre*. Llegó con una chaqueta corta y un pantalón muy estrecho, ambos de becerro natural y unos guantes de cabritilla del mismo color.

Crónica de una muerte anunciada,
Gabriel García Márquez (Colombia)

TEXTOS TEXTOS TEXTOS

De mi niñez no son precisamente buenos recuerdos los que guardo. Mi padre se llamaba Esteban Duarte Diniz, y era portugués, *cuarentón* cuando yo niño, y alto y gordo como un monte. Tenía *la color* tostada y un estupendo bigote negro que se echaba para abajo. Según cuentan, cuando joven le tiraban las *guías* para arriba, pero, desde que estuvo en la cárcel, se le *ablandó* la fuerza del bigote... Yo le tenía un gran respeto y no poco miedo... Era áspero y brusco, y no toleraba que se le *contradijese* en nada, manía que yo respetaba *por la cuenta que me tenía.* (...)

Mi madre, *al revés* que mi padre, no era gruesa, aunque andaba muy bien de estatura; era larga y chupada y no tenía aspecto de buena salud, sino que, por el contrario, tenía la *tez* cetrina y las mejillas hondas y toda la presencia o de estar tísica o *de no andarle muy lejos*; era también desabrida y violenta, tenía un humor que *se daba a todos los diablos...* Alrededor de la boca se le notaban unas cicatrices o señales, pequeñas y rosadas como perdigonadas, que, según creo, le habían quedado de unas bubas malignas que *tuviera* de joven...

La familia de Pascual Duarte,
Camilo José Cela (España)

¡Qué pena!

ÁREA TEMÁTICA:	Ecología (el mar). Encuesta personal.
APRENDERÁS A:	Expresar estados de ánimo, impresiones. Referir hechos en estilo indirecto. Establecer comparaciones. Expresar acciones en proceso de realización.
GRAMÁTICA:	Estructuras de comparación (*más/menos de... que; tan(to) que/como*). Formas irregulares de comparación. Formas de superlativo (*-ísimo/a*). *Estar* + gerundio. *Ir* + gerundio. *Decir que* + verbo. **¡Qué** + (nombre/adjetivo)!
ORTOGRAFÍA Y PRONUNCIACIÓN:	Variantes en la pronunciación de **z, ce, ci.**
VARIANTES USUALES DEL LENGUAJE:	Frases de cortesía en relaciones interpersonales.
TEXTOS:	Fragmento de *El Mediterráneo y los bárbaros del Norte,* de Luis Racionero.

Sitúate

1. **En parejas:**
a) Traducid estas expresiones a vuestro idioma.

¡Qué porquería!

¿Cómo es posible?

Es una pena de mar.

¡Es un desastre!

¡Cuánta suciedad!

¡Qué playas tan sucias!

Es una lástima.

b) Explicad cuándo utilizaríais cada una de esas expresiones en vuestra lengua.

2. **Escucha y anota cuántas expresiones como las anteriores identificas en el siguiente texto.**

3. **Escucha y lee.**

Si los romanos levantaran la cabeza... ¡Qué desastre!, dirían al ver el mar Mediterráneo desde las playas de cualquier ciudad, como Roma, Marsella o Barcelona, por ejemplo. Según los ecologistas, este mar es ya un basurero. El Mediterráneo es pequeño, mucho más pequeño que cualquier océano, aunque más grande que los grandes lagos: mide unos dos millones de kilómetros cuadrados solamente. No es tan grande como la Europa continental, pero es cuatro veces mayor que España. Pues bien, a esta superficie se arrojan cada año más de 350.000 toneladas de fósforo, más de 150.000 de aceites minerales, más de 60.000 de detergentes, un millón de toneladas de materias diversas, no menos de 150 toneladas de mercurio y cantidades enormes de pesticidas. ¡Qué barbaridad! ¡Cuánta porquería reunida en un mar cerrado! ¿Es posible calcular cuánta suciedad se va acumulando año tras año? Por si esto fuera poco, al lado del Mediterráneo viven más de 130 millones de personas. ¿Les parecen pocos? Sí, son pocos: a las playas de este mar acuden todos los años otros 100 millones más de turistas, especialmente de los países del centro y del norte de Europa. Sin embargo, cada año que pasa hay menos playas limpias que el año anterior. Es una pena, pero el mar Mediterráneo empieza a morirse. Quizás ya esté agonizando. Quizás nosotros estamos tan ciegos que no nos damos cuenta de una muerte tan lenta.

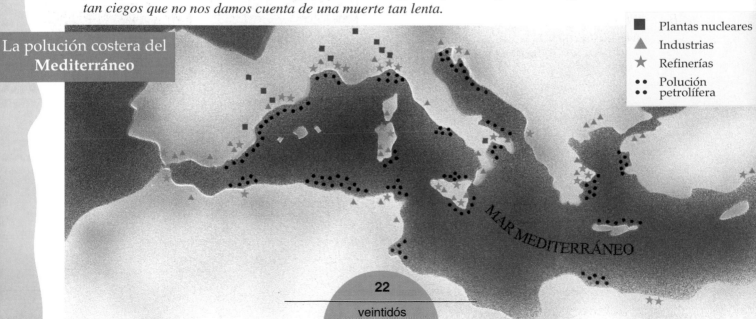

La polución costera del **Mediterráneo**

■ Plantas nucleares
▲ Industrias
★ Refinerías
•• Polución
•• petrolífera

MAR MEDITERRÁNEO

4. **En grupos:**

a) Elegid uno de los siguientes títulos para el texto anterior.

1. Un mar peligroso.
2. El Mediterráneo necesita ayuda.
3. El mar de ayer y de hoy.
4. El Mediterráneo, ¿otro mar Muerto?

b) Leed vuestro título a la clase y explicad por qué lo habéis elegido.

Gramática

Para establecer comparaciones

a) Para expresar cantidades por encima o por debajo de una cantidad señalada:

- **más de**... : ... *más de 350.000 toneladas de fósforo.*
- **menos de**... : ...*no menos de 150 toneladas de mercurio.*

b) Para expresar igualdad en las cantidades señaladas:

- **tan(to)... como/que**: ... *No es tan grande como la Europa continental.*
  ... *quizás nosotros estamos tan ciegos que no nos damos cuenta...*

c) Para expresar una cantidad mayor o menor respecto a otra:

- **más.... que**: ... *más pequeño que cualquier océano.*
- **menos... que**: ... *hay menos playas limpias que el año anterior.*

5. **En parejas:**
Mirad estas fotos y expresad vuestras preferencias, según los modelos.

A. - *¿Qué prefieres?*
   ¿Qué te gusta más?
   ¿Te gusta más la playa que la montaña?

B. - *Prefiero...*
   Me gusta más...
   La nieve no me gusta tanto como...

6. **Completa con *más, menos, tan(to)... que/como*.**

1. El Mediterráneo no es .... grande .... el océano Atlántico.
2. Los Alpes están .... sucios .... el puerto de Marsella.
3. Los turistas son .... cuidadosos en la montaña .... en la playa.
4. ¿Es .... bonito el mar .... los bosques?
5. ¿Te gusta .... nadar .... esquiar?
6. A los niños les gusta .... jugar en la nieve .... en la playa.
7. Actualmente hay .... suciedad en el Mediterráneo .... hace 1.500 años.
8. Bañarse en el mar es .... aconsejable .... bañarse en una piscina.

¡Adelante!

1. Reacciona ante cada frase con alguna de las expresiones del recuadro.

¡Que barbaridad!	Es una pena.	¡Qué pena!	¡Cómo es posible!
¡Qué porquería!	¡No es posible!	¡Qué lástima!	

1. Los bosques se queman.
2. No se puede respirar en esta ciudad: hay demasiados coches.
3. Las calles están llenas de basura.
4. Los gobiernos no prohíben tirar basuras a los ríos.
5. Esta fábrica arroja sus aguas contaminadas al mar.
6. Ya no hay peces en las costas del Mediterráneo.
7. El mar Mediterráneo se muere.

2. Transforma según el modelo.

– ¿Tienes muchos días de vacaciones en verano? / 15
– Sí. Tengo más de 15 días de vacaciones.

1. ¿Tenéis muchos libros? / 200
2. ¿Tienen tus padres muchos televisores? / 2
3. ¿Tienes muchos discos en casa? / 60
4. ¿Tenéis muchos días de fiesta este año? / 7
5. ¿Tienes muchos hermanos? / 3
6. ¿Tienen muchos amigos? / 5
7. ¿Tienes muchas bicicletas? / 2

Gramática

Algunas formas comparativas irregulares

bueno	mejor	pequeño	menor
malo	peor	grande	mayor

Formación del superlativo con -ísimo/a

	(comparativo)	
importante	(más importante)	important-**ísimo/a**
amable	(más amable)	amab-**il-ísimo/a**
simpática	(más simpática)	simpat-**iqu-ísima**

3. Escribe las formas de superlativo de:

sucio	limpia
pequeño	famoso
interesante	malo
especial	lento
grande	conocido
buena	rico

4. Transforma en frases con superlativos.

– ¿Es un libro importante?
– Sí, es un libro importantísimo.

1. ¿Es grave el paro?
2. ¿Están sucias las playas?
3. ¿Es interesante ese informe?
4. ¿Son grandes los bosques en tu país?

5. ¿Es bueno comer mucha fruta?
6. ¿Es amable la profesora?
7. ¿Son inteligentes los alumnos?
8. ¿Son altos estos edificios?

Se dice así

Para expresar que una acción, proceso, etc., ha empezado a desarrollarse y continúa desarrollándose aún, se usa el verbo *estar* + gerundio (-ndo):

> *El Mediterráneo está agonizando.*
> *El Mediterráneo se está muriendo.*
> *Los turistas están llegando.*

También se usa el verbo *ir* + gerundio para expresar que algo continúa desarrollándose, teniendo lugar, ocurriendo, etc., poco a poco:

> *La suciedad se va acumulando en el fondo del mar.*

5. Completa con los verbos en la forma adecuada.

1. Lo siento, mi hermana no puede ponerse al teléfono; está .... (*ducharse*).
2. Carmen no está en casa; .... (*bañarse*) en la piscina.
3. Los primeros lunes de cada mes a las cinco de la tarde .... siempre .... (*cortarse el pelo*).
4. En este momento mi hermana .... (*escribir*) una carta.
5. ¡Atención, atención! El Real Madrid .... (*ganar*) por dos goles a uno.
6. La película ya ha finalizado y la gente .... (*salir*).
7. Su madre dice que Juanito .... (*jugar*) con los amigos.

6. En parejas:
Leed el texto y completadlo con los elementos del recuadro.

> está empezando / están arrastrando / están cortando / está empezando
> se han cerrado / se están recogiendo / van apareciendo

Peligro en las playas

Las playas del norte de España y de Francia no son seguras en estos momentos. El gobierno .... a preocuparse: miles de detonadores .... por las playas y no parece que el peligro vaya a desaparecer en pocos días. Los fuertes vientos .... hacia la orilla multitud de artefactos explosivos, y las autoridades .... el acceso a playas y acantilados para evitar posibles accidentes. En las costas francesas ya........... .... muchos restos de toda clase, entre ellos más de 5.000 detonadores. En el norte de España el gobierno .... también a preocuparse y ya........... .... al público las playas de algunas ciudades, como San Sebastián.

(*El País*, diciembre 1993)

7. Responde a estas preguntas.

1. ¿Qué está ocurriendo en las playas del Atlántico?
2. ¿Están preocupadas las autoridades?
3. ¿Se está recogiendo mucha basura en las playas?
4. ¿Qué lugares se están cerrando al público?
5. ¿Qué están causando los vientos?
6. ¿Qué empiezan a hacer las autoridades?
7. ¿Está preocupándose el Gobierno?
8. ¿Está desapareciendo el peligro de explosión en la costa?

3 En marcha

Dices que + (verbo)

(está bien / debe hacer cola, etc.)
(bajen el volumen de su televisor)
- Dice que el pescado está muy bueno.

1. En grupos:
Encuesta: ¿cómo reaccionarías en cada situación?

a) Escuchad.

1. Estás haciendo cola para sacar una entrada de cine. Una persona no hace caso de la cola y se pone delante de ti.

a. No le dices nada.
b. Le dices amablemente que debe hacer cola.
c. La miras fijamente, enfadado, pero sin decirle nada.
d. Le dices enfadado: "¿No ve usted la cola? ¡Póngase al final!"

2. Estás en la zona de NO FUMADORES del avión. Un señor se sienta a tu lado y empieza a fumar.

a. Apartas la cara, mirando hacia el otro lado.
b. Te cambias al asiento de al lado, que está libre.
c. Llamas a la azafata y le dices lo que pasa.
d. Le dices con brusquedad al fumador que está en la sección de "no fumadores", que debe irse de allí o dejar de fumar.

3. Estás muy cansado y quieres descansar, pero tus vecinos ponen la televisión a todo volumen.

a. Esperas pacientemente a que tus vecinos bajen el volumen.
b. Les llamas por teléfono y les dices con amabilidad que bajen el volumen de su televisor porque estás muy cansado.
c. Golpeas la pared para que tus vecinos bajen el volumen de su televisor.

d. Llamas a su puerta y les dices muy enfadado que nunca piensan en los demás, que no tienen educación, etc.

4. Vas a comer a un restaurante y el pescado que te sirven no está bien cocinado.

a. No dices nada y, si te preguntan, dices que el pescado está muy bueno.
b. Pides amablemente al camarero que te cambien el pescado por otro bien hecho.
c. Dejas el pescado en el plato y, si te preguntan, dices que lo dejas porque no se puede comer.
d. Llamas al camarero y le dices que te vas, que su restaurante es desastroso y que no saben cocinar.

5. Un/a amigo/a te pide que le prestes dinero para llegar a fin de mes.

a. Le prestas dinero y le dices que puede contar contigo en caso de necesidad.
b. Le dices que le prestas dinero esta vez, pero que no se lo prestarás nunca más.
c. No le prestas dinero y le explicas que no puedes prestárselo, porque tu cuenta en el banco está a cero.
d. Le dices que lo que tiene que hacer es trabajar para ganar su dinero, que cómo se atreve a pedirte dinero a ti.

b) Responded individualmente a cada pregunta.

c) Calculad el total de puntos, según vuestras respuestas.

a. = 1 punto. **b.** = 2 puntos. **c.** = 3 puntos. **d.** = 4 puntos.

d) Explicad los resultados al grupo, según la siguiente tabla.

> * **entre 5 y 9 puntos:** Eres demasiado bueno y tolerante. Los demás pueden aprovecharse de tu bondad.
> * **entre 9 y 13 puntos:** Eres una persona bastante tolerante y paciente con los demás.
> * **entre 13 y 17 puntos:** Eres agresivo y quizás poco tolerante. Nunca cedes en tus derechos.
> * **entre 17 y 20 puntos:** Eres excesivamente agresivo y nada tolerante. Tienes que controlarte, si no, tendrás pocos amigos.

2. Haz una lista de todos los verbos que aparecen en el texto de la encuesta anterior. Luego escribe las formas del pretérito indefinido de cada uno de ellos, clasificándolas en *formas regulares* y *formas irregulares*.
Consulta una gramática o pregunta al profesor si es necesario.

3. Mira estos dibujos: ¿Qué piensas de estas personas y actitudes? Reacciona con frases así:

Me parece que es una persona tímida.
¡Qué pena! No me gustan las personas tímidas. / ¡Qué suerte! Me gustan las personas tímidas.

4. **En parejas:**
Pensad en una frase para cada una de estas expresiones.

Ejemplo: *¡Qué pena!*   *- Cristina no ha aprobado el examen de español.*

1. Es una pena   ....
2. ¡Qué desastre!   ....
3. ¡Cuánta pobreza!   ....
4. ¡Qué buena es!   ....
5. ¡Cómo ha sido posible!   ....
6. ¡Qué mala suerte!   ....
7. ¡Qué suerte tienes!   ....

5. **Sigue el modelo y da algunos consejos para...**

- No enfadarse nunca: *- Lo que tienes que hacer es conservar siempre la calma.*

1. No parecer tímido   ....
2. Ser más tolerante   ....
3. No ser brusco con los demás   ....
4. Tener más amigos/as   ....
5. No ser tan agresivo   ....
6. Conservar mejor la naturaleza   ....

6. **Responde a las siguientes frases o reacciona con una expresión.**

1. ¿Estás cansado/a de ser tan bueno con los amigos/as?
   - No, no estoy cansado de ser tan bueno./¡Qué tontería!
2. Hay muchos fumadores en esta sala.
3. Cortar los árboles es malo para nuestro planeta.
4. El agua de este río está muy sucia.
5. ¡Juana insulta a la gente, en vez de decirles amablemente las cosas!
6. Más de la mitad de los seres humanos son pobres.
7. En algunas zonas de África no ha llovido desde hace 13 meses.

7. **Pronunciación.**

La *z* y las secuencias *ce, ci* se pronuncian de dos maneras: con [s] en Hispanoamérica, Andalucía y Canarias y con [θ] en el resto de España ("español normativo o estándar").

Escucha y anota si lo que oyes en cada línea corresponde o no al "español normativo".

Nació, dulce, parece, hacer, Francisca, conoce.   ....
A veces, empezar, circuito, azul, rizado, cercano.   ....
Cinco, diciembre, hacía, habitación, eficaz, crecí.   ....
Entonces vivía cerca de esta habitación.   ....
En el mes de marzo nos fuimos de la ciudad.   ....
Eran felices haciendo dibujos con sus lápices.   ....
No conocía bien a sus vecinos del décimo piso.   ....
Crecieron en el mismo pueblo en que nacieron.   ....

En (busca) de la palabra

Hay muchas *locuciones* que sirven al hablante para expresar un fuerte sentimiento respecto a personas, situaciones o cosas. Busca en el diccionario su significado y relaciona cada locución con la situación más adecuada sugerida en cada frase:

1. ¡Qué barbaridad!	Han muerto 50 personas en un accidente de aviación.
2. ¡Cielo santo!	Era muy feliz, pero tuvo un accidente y está en el hospital.
3. ¡Dios mío!	No había llovido durante diez meses y hoy ha llovido durante todo el día.
4. ¡Qué lástima/pena!	Mi amiga me ha dicho que te ha tocado la lotería.
5. ¡Menos mal!	Los extraterrestres han aterrizado en el bosque, en una nave espacial.
6. ¡Qué tontería/estupidez!	El río estaba lleno de peces muertos.
7. ¡No me digas!	En esta guerra civil han muerto ya 250.000 personas.
8. ¿Es posible? ¡No es posible!	En el mundo se mueren 2.000 niños cada día.
9. ¡Qué horror!	Dicen que eres la más lista y la más guapa de la clase.
10. ¡Qué espanto!	Las selvas pronto desaparecerán de la tierra.

Variantes
usuales del lenguaje

Para ser cortés y amable.

En España	En México
a) En una oficina bancaria	
A - *¿Puede usted atenderme, por favor?*	A - *¿Puede ser tan amable de atenderme?*
B - *¿Qué desea?*	B - *A la orden, ¿qué se le ofrece?*
A - *Desearía cambiar este billete de diez mil pesetas.*	A - *Por favor, ¿me puede cambiar un billete de diez mil pesos?*
B - *Muy bien. Aquí tiene usted*	B - *Con gusto.*
A - *¿Podrían ustedes cambiarme 20.000 pesetas en francos franceses?*	A - *Por favor, ¿podrían cambiarme 1.000 nuevos pesos en francos franceses?*
B - *Naturalmente. / ¡No faltaba más!*	B - *Con mucho gusto. Aquí tiene.*
A - *Querría sacar 15.000 pesetas de mi libreta.*	A - *Quiero retirar 1.500 pesos de mi cuenta.*
B - *Muy bien. Firme este impreso, por favor. Pase por caja, por favor.*	B - *Claro, llene esta forma por favor, y luego pase a la caja.*
b) En Correos	
A - *Deseo enviar esta carta certificada a Alemania.*	A - *Quiero mandar esta carta registrada a Alemania.*
B - *Vaya a la ventanilla núm. 4. / Ventanilla núm. 4, por favor.*	B - *En la ventanilla 4 se la registran.*
A - *¿Para enviar un paquete urgente a Italia?*	A - *¿Cómo hago para mandar este paquete urgente a Italia?*
B - *Deme el paquete. ¿Tiene usted el paquete? (...) Son 450 pesetas.*	B - *¿Ya trae el paquete? Son 20 pesos.*
c) En una oficina de información	
A - *¿Tiene usted información sobre.... (las fechas de matrícula, horario de vuelos/trenes)?*	A - *¿Me podría dar información sobre... (las fechas de inscripción, horario de vuelos/trenes)?*
B - *Sí. Aquí tiene usted un folleto informativo sobre... Sí. Las fechas de matrícula son...*	B - *Con gusto. Aquí tiene un folleto...* *- Sí. Las fechas de inscripción son...*

"La virtud está en el punto medio; Mediterráneo quiere decir en medio de la tierra. En sus riberas de luz mediana y a 45 grados han florecido las grandes culturas artísticas, por razón de este equilibrio de luz: ni demasiada, ni poca, porque ambas ciegan y los ciegos no ven; en el Mediterráneo se impone la visión concreta de las cosas, en la cual ha de descansar el arte auténtico."

Antonio Gaudí

OS TEXTOS TEXTOS TEXTOS T

El Mediterráneo es un espacio físico determinado que incuba un ideal humano. Hombre y ambiente definen el Mediterráneo como espacio no asimilable a ningún otro, cultura irrepetible y hábitat como no ha conocido el mundo y para cuyo logro se han necesitado guerras, migraciones, trabajos, placeres, bibliotecas, estudios, invenciones y una energía vital característica que emana del suelo y que no se da en ninguna otra parte.

Los habitantes de los países que baña el Mediterráneo sentimos la belleza con más intensidad que los países nórdicos, y ellos mismos lo reconocen así. Los del Norte aprecian más la riqueza, que se logra con el esfuerzo del pensamiento. Sus grandes museos los guardan bien porque son ricos, les cuestan mucho dinero, que jamás cobraron sus autores, los cuales, en general, llevaban una vida mísera. Estos autores eran todos del Mediterráneo: egipcios, griegos, italianos, españoles. Los nórdicos se sienten orgullosos de tales riquezas porque no tienen de la vida la visión plástica que nosotros comprendemos fácilmente y que vale más que todas las riquezas.

¿Cómo entender el Mediterráneo sin sentir sus vientos, mirar su luz, escuchar su aliento?

El Mediterráneo y los bárbaros del Norte,
Luis Racionero (España)

Hay que comer menos

ÁREA TEMÁTICA: La salud y la vivienda.

APRENDERÁS A: Expresar acciones habituales, costumbres.
Expresar obligatoriedad (externa e interna) y deber "moral".
Expresar acciones transitorias y permanentes (con *estar* y *ser*).
Expresar modalidad adverbial.

GRAMÁTICA: *Soler / Acostumbrar a / Tener por costumbre...*
Tener que / Deber / Hay que + verbo.
Usos básicos de *ser* y *estar*.
Adverbios en **-mente.**

ORTOGRAFÍA Y PRONUNCIACIÓN: Acento tónico en la palabra.

VARIANTES USUALES DEL LENGUAJE: Expresiones usuales en la consulta médica.

TEXTOS: Fragmento de *Un viejo que leía novelas de amor,* de Luis Sepúlveda.

1 Sitúate

1. **En parejas:**

a) **Escribid cinco cosas que soléis hacer cada día.**

Suelo / Acostumbro a...:

1. ....
2. ....
3. ....
4. ....
5. ....

b) **Ahora escuchad este diálogo y comprobad si se menciona alguno de vuestros hábitos o costumbres.**

2. **Escucha de nuevo la conversación y anota las veces que aparece cada una de las expresiones del recuadro.**

> *acostumbras a*
> *tienes por costumbre*
> *tienes la costumbre de*
> *sueles*
> *todos los días*
> *siempre*
> *continuamente / en todo momento*

Amalia: Tienes razón, Laura. Tenemos que cuidarnos más.

Laura: Claro, Amalia. También hay siete pecados capitales contra la salud. Lo dicen los médicos.

Amalia: ¿Ah, sí? ¿Y cuáles son?

Laura: El primero es la obesidad o gordura. El segundo la inactividad física. O lo que es lo mismo: comer mucho y ser perezoso.

Amalia: Ya ves que yo ni estoy gorda ni soy perezosa.

Laura: Es verdad. Pero fumas mucho y sueles dormir poco. Éstos son otros dos pecados contra la salud: fumar y no dormir. En otras palabras: no hay que fumar y debemos dormir bien.

Amalia: ¿Quieres decir que no debemos fumar ni beber mucho?

Laura: Exactamente. Beber mucho es el quinto pecado. Pero ya sé que tú no acostumbras a beber...

Amalia: Por cierto. ¿Quieres otro pastelito? Éstos de chocolate están riquísimos.

Laura: ¡Vaya! Has acertado con el sexto pecado contra la salud: tomar muy a menudo algo entre comidas. También esto es malo para el cuerpo.

Amalia: ¡Pues tú dirás lo que podemos hacer! ¡Me parece que todo es pecado!

Laura: Pues aún falta uno: no desayunar. Éste es el séptimo pecado grave contra la salud. Según una investigación que leí hace poco, cada uno de estos siete pecados acorta la vida del ser humano. Creo recordar que el número de personas con problemas de salud aumenta en la misma medida en que aumenta el número de "pecados capitales contra la salud".

Amalia: Si las cosas son así, creo que tengo que confesarme, Laura. ¡Y muy pronto!

3. En grupo:
Leed el texto anterior y aplicadlo a vuestro país o región:

a) ¿Cuántos "pecados contra la salud" se cometen? Anotadlos.

b) Tratad de descubrirlos y razonar el porqué.

4. Observa estos dibujos: ¿Qué "pecados" piensas que comete cada uno de estos personajes?

Gramática

Para expresar obligación

Tener que + infinitivo: *Tenemos que cuidarnos más.*
Deber + infinitivo: *Debemos dormir bien.*
Hay que + infinitivo: *No hay que fumar.*

---

5. Explica lo que debe hacer cada uno de los personajes del ejercicio anterior para no tener problemas de salud (usa elementos del recuadro de gramática).

1. ....
2. ....
3. ....
4. ....
5. ....
6. ....

6. Encuentra en el texto del ejercicio 2 las palabras que corresponden a estas definiciones.

1. Preocuparse alguien por su salud.
2. Que tiene pocas ganas de hacer un esfuerzo.
3. Falta voluntaria contra una norma.
4. Masa pequeña de harina, huevos, etc., cocida al horno.
5. Tomar la primera comida del día, después de levantarse.
6. Disminuir la longitud o cantidad de algo.
7. Estado de la persona que no está enferma.
8. Incrementar o hacer más grande algo en tamaño, cantidad o intensidad.
9. Declarar alguien a un sacerdote sus propios pecados.
10. Dar en el sitio previsto o solucionar algo.

7. En parejas:

a) Haced una lista de lo que *no hay que hacer* para conservar la salud.

1. ....
2. ....
3. ....
4. ....
5. ....
6. ....
7. ....

b) Leed vuestra lista a la clase.

c) Elaborad una lista de recomendaciones con las sugerencias de toda la clase.

¡Adelante!

1. **En parejas:**
Haced frases con *ser* o *estar* usando los siguientes adjetivos.

1. dulces   - *Los pasteles son muy dulces.*
2. riquísimo
3. malo
4. diferente
5. inclinado *slope·*
6. grande
7. insatisfecha
8. cercano *near*

9. desesperado
10. adecuado
11. caliente
12. oscuro
13. nervioso
14. difícil
15. pesado
16. aburrido

Se dice así

**Ni *estoy* gorda,
ni *soy* perezosa.**

APRENDE A APRENDER:

a) **Clasifica en dos columnas las frases del ejercicio 1.**

Frases con ***ser***

....
....

Frases con ***estar***

....
....

b) **Explica en cada uno de los casos por qué se ha usado *ser* (define el carácter permanente de algo) o *estar* (expresa el carácter temporal y no permanente de una cualidad, como son, por ejemplo, los estados de ánimo, etc.).**

Consulta una gramática o pregunta al profesor.

2. **Completa con *ser* o *estar*.**

..... la última noche del año. Todos ..... contentos, se organizan fiestas en muchos lugares, y muchas familias ...... reunidas y celebran haber llegado al final de año. .... un año más.

- La vida sigue igual, pero las cosas ...... cada día más caras.
- Sí, claro. No hay nada barato. Pero así .... la vida. Todos nos quejamos, todos .... insatisfechos de la vida, pero todos ..... alegres de seguir vivos.

En aquella casa no había luz. Yo ...... tranquilo, pero nervioso. No veía nada. ... la primera vez que me encontraba solo y a oscuras. .... verano; hacía calor; tenía dinero en mi bolsillo. Yo, sin embargo, no sabía por qué ...... en aquella casa a las 12 de la noche.

Se dice así

Observa estos usos de *ser* y estar

El hombre es bueno por naturaleza.	*Esta manzana está buena.*
El cielo es azul.	*Hoy el cielo está azul.*
Esta niña es lista.	*El coche está listo: ya funciona.*
La mesa es negra y no me gusta.	*Carmen está negra; siempre tiene mala suerte.*
Pepe es una persona interesada; sólo piensa en sí mismo.	*Luis está interesado en el arte.*

3. **Ten en cuenta los usos del recuadro anterior y completa con *ser* o *estar*.**

1. Marta ..... una mujer violenta.
2. Llevaron a la niña al hospital porque ...... mala.
3. La muchacha ...... roja de vergüenza.
4. .... un muchacho muy despierto.
5. Yo ya ...... despierto desde hace una hora. Suelo levantarme temprano.
6. Mis amigas ...... muy interesadas en la moda.
7. Acostumbra a ..... una persona atenta y amable.
8. Estos alumnos siempre ..... atentos en clase. Son buenos estudiantes.
9. Pilar y Félix .... casados desde 1985.
10. ..... una pareja casada y feliz.

4. **Responde con *hay que* o *deber*.**

1. ¿Tenemos que comer mucho o poco?
2. ¿Tiene que estar más gorda o más delgada?
3. ¿Tiene que estudiar o divertirse?
4. ¿Tenemos que levantarnos temprano o dormir más?
5. ¿Tienen que ser más o menos prudentes?
6. ¿Tenemos que ayudar a los amigos o no?
7. ¿Tenemos que ir hoy a clase?
8. ¿Tienen que caminar por la acera?

- *Debemos/Hay que comer poco.*
- ....
- ....
- ....
- ....
- ....
- ....
- ....

5. **En parejas:**
Anotad lo que *tenemos que hacer* o *hay que hacer* para:

1. Ir de viaje a las islas Galápagos.
2. Conducir bien un coche.
3. No destruir la naturaleza.
4. Tener muchos amigos/as.

6. **Lee y subraya en este texto todas las expresiones que impliquen obligatoriedad.**

Tema: solicitud de becas de estudios.

Para solicitar una beca es necesario rellenar un impreso. Los impresos deben pedirse en la oficina de información de la universidad o centro en el que se desea estudiar. En general, las solicitudes han de ser entregadas dos meses antes de empezar el curso. La universidad o centro deberá responder al solicitante sobre la concesión o denegación de su beca con un mes de antelación.

No todos los solicitantes tienen derecho a beca. Para obtener una ayuda al estudio es preciso cumplir algunas condiciones:
- no tener ingresos por un trabajo de jornada completa.
- que los padres no ganen más de 3 millones de pesetas al año.
- haber aprobado todas las asignaturas del curso anterior.

Si estas condiciones no se cumplen, es mejor no solicitar beca. Lo más probable es que en tal caso no se conceda.

3 En marcha

1. En grupo:
Anotad algunas características de las casas y viviendas en vuestro país o región.

Fachada: ....
Tejado: ....
Colores preferidos: ....
Interior: ....

2. Leed este texto y comparad lo que se dice en él con lo que habéis escrito en el ejercicio 1.

- semejanzas: ....
- diferencias: ....
- otros: ....

Las costumbres suelen ser "sabias"

El hombre ha vivido ya muchos años sobre la tierra. Y uno de los problemas más importantes al que ha tenido que hacer frente ha sido encontrar un lugar adecuado para vivir. Para vivir mejor es muy importante resguardarse del frío, del calor, del viento... ¿Cómo? Las incomodidades del clima han obligado al hombre a inventar la "arquitectura" o el arte de construir.

Los modelos y tipos de casa son diferentes según el clima de cada región o país. Si el clima es frío, las casas se construyen para conservar mejor el calor. Si el clima es caluroso, la vivienda está hecha de tal manera que el sol no calienta excesivamente la casa o sus rayos no entran en ella. Así, las casas tradicionales del norte de España, o de las regiones montañosas, donde llueve y nieva mucho, tienen un tejado muy inclinado y los muros son de piedra y gruesos. Los colores son siempre oscuros para que los rayos del sol "no escapen".

En el sur de España, y en general en todo el Mediterráneo, las casas son, por el contrario, de colores claros, especialmente blanco; tienen grandes balcones que dan a la calle y patios interiores en los que siempre hay sombra.

Pero la ciudad moderna se ha olvidado de estas buenas costumbres y usos arquitectónicos. Los grandes bloques de viviendas tienen muy poco en cuenta las condiciones climáticas. Por eso gastamos mucha energía en calentar o enfriar la casa. Una familia española suele gastar 9.000.000 de kilocalorías (= 10.500 kilowatios), sobre todo para calentar agua. En la mayor parte de España y de todos los países del área mediterránea esto es un despilfarro: a lo largo del año el tejado de una casa española recibe una cantidad de energía solar equivalente a 150.000 kilowatios. ¿Vale la pena conservar algunas costumbres y tradiciones? Naturalmente que sí.

3. Resume en pocas líneas el texto anterior, según este esquema.

a. título: ....
b. ideas principales: ....
....
....
c. conclusión: ....
....
....

4. En parejas:
¿Cómo se dice en vuestro idioma?

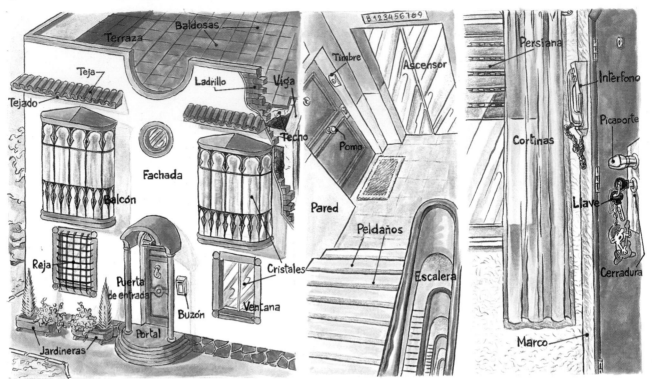

5. Observa en el texto del ejercicio 2 la formación de adverbios añadiendo-*mente.*

natural + mente = naturalmente (*de manera natural*)
especial + mente = especialmente (*de manera especial*)

Explica el significado de los siguientes adverbios:

generalmente, felizmente, velozmente, amargamente, alegremente, apresuradamente, pausadamente, sorprendentemente, dulcemente, eternamente.

6. En grupos:
Revisad los textos de esta unidad, consultad el diccionario o preguntad al profesor y explicad el significado de las siguientes palabras o expresiones:

1. darse cuenta de algo
2. hacer frente a
3. según
4. (el balcón) da a la calle
5. tener en cuenta

6. agua de consumo
7. valer la pena
8. tener razón
9. ¡pues tú dirás...!

7. Pronunciación y acento.
Acento en la palabra: Escucha y coloca cada palabra en la columna que corresponda, según la sílaba que reciba el acento principal.

agudas	llanas	esdrújulas
____ ´	___´__	´__ ___
....	....	....
....	....	....

En busca de la palabra

a) Consulta el diccionario y completa estas frases con un adjetivo del recuadro.

duro/a	atrayente	liso/a	manual	presumido/a	vacío/a
provechoso/a	desagradable	travieso/a	rebelde	notable	pobre

Mi hermana siempre está mirándose al espejo. Es una ....

Tenía el pelo rizado, no ....

Este niño nunca está quieto: ayer rompió un cristal de la ventana del vecino. Es muy ....

La botella no tenía nada; estaba ....

Comer poco y variado es muy .... y útil para el cuerpo.

Las fábricas actuales ya están automatizadas y no se basan en el trabajo ....

Fue muy .... decirle la verdad: su madre había muerto.

b) Con la ayuda del diccionario, busca las palabras acabadas en *-ante*, derivadas de:

abundar, cambiar, colgar, principiar, sobrar, viajar, interrogar, cortar, desinfectar, cantar, desconcertar, vigilar, acertar, integrar, comerciar, estimular, caminar, contar, picar.

Variantes usuales del lenguaje

En la consulta médica.

En España

Médico:
¿Qué le duele?
¿Qué le pasa hoy?

Paciente:
Me duele un poco por aquí.
Tengo molestias en el estómago.
Siento mareos por la mañana.

Médico:
¿Le ocurre esto a menudo?
¿Desde cuándo tiene estos dolores?

Paciente:
Empecé a tener molestias hace unos días...
Los dolores no son continuos. Sólo los tengo de vez en cuando.

Médico:
Voy a mirarlo bien.
Necesito que le hagan una radiografía.
Debe tomar estas pastillas dos veces al día.

En Argentina

Médico:
¿Qué le duele?
¿Qué siente hoy?

Paciente:
Me duele un poco acá.
Tengo dolor de estómago.
Tengo mareos por la mañana.

Médico:
¿Le ocurre esto seguido?
¿Desde cuándo tiene estos dolores?

Paciente:
Me comenzaron hace unos días...
Los dolores no son seguidos. Sólo de vez en cuando.

Médico:
Voy a revisarlo bien.
Necesito que le tomen una radiografía.
Tiene que tomar estas pastillas dos veces por día.

Los pocos habitantes de El Idilio más un puñado de aventureros llegados de las cercanías se congregaban en el muelle, esperando turno para sentarse en el sillón portátil del doctor Rubicundo Loachamín, el dentista, que mitigaba los dolores de sus pacientes mediante una curiosa suerte de anestesia oral.

"¿Te duele?" -preguntaba.

Los pacientes, aferrándose a los costados del sillón, respondían abriendo desmesuradamente los ojos y sudando a mares.

Algunos pretendían retirar de sus bocas las manos insolentes del dentista y responderle con la justa puteada, pero sus intenciones chocaban con los brazos fuertes y con la voz autoritaria del odontólogo.

"¡Quieto, carajo! ¡Quita las manos! Ya sé que duele. ¿Y de quién es la culpa? ¿A ver? ¿Mía? ¡Del Gobierno! Métetelo bien en la mollera. El Gobierno tiene la culpa de que tengas los dientes podridos. El Gobierno es culpable de que te duela."

Los afligidos asentían entonces cerrando los ojos o con leves movimientos de cabeza.

El doctor Loachamín odiaba al Gobierno. (...)

TEXTOS TEXTOS TEXTOS

El doctor Rubicundo Loachamín visitaba El Idilio dos veces al año, tal como lo hacía el empleado de Correos, que raramente llevó correspondencia para algún habitante. De su maletín gastado sólo aparecían papeles oficiales destinados al alcalde, o los retratos graves y descoloridos por la humedad de los gobernantes de turno.

Las gentes esperaban la llegada del barco sin otras esperanzas que ver renovadas sus provisiones de sal, gas, cerveza y aguardiente, pero al dentista lo recibían con alivio, sobre todo los sobrevivientes de la malaria, cansados de escupir restos de dentadura y deseosos de tener la boca limpia de astillas, para probarse una de las prótesis ordenadas sobre un tapete morado de indiscutible aire cardenalicio.

Despotricando contra el Gobierno, el dentista les limpiaba las encías de los últimos restos de dientes y enseguida les ordenaba hacer un buche con aguardiente.

- Bueno, veamos. ¿Cómo te va ésta?

- Me aprieta. No puedo cerrar la boca.

- ¡Qué tipos tan delicados! A ver, pruébate otra.

- Me viene suelta. Se me va a caer si estornudo.

- Y para qué te resfrías, pendejo. Abre la boca.

Y le obedecían.

Luego de probarse diferentes dentaduras encontraban la más cómoda y discutían el precio, mientras el dentista desinfectaba las restantes sumergiéndolas en una marmita con cloro hervido.

Un viejo que leía novelas de amor
Luis Sepúlveda (Chile)

Opino que...

ÁREA TEMÁTICA:	La gran ciudad.
APRENDERÁS A:	Describir y especificar aspectos de la realidad mediante recursos especiales. Expresar opinión o puntos de vista.
GRAMÁTICA:	Usos de las formas de relativo: **que, cuyo/a, cuyos/as.** *Que* precedida de preposición (**en/a... que**); **el/la/los/las que; el/la/los/las cual(es); lo que...** *Creo / Opino que... En mi opinión.*
ORTOGRAFÍA Y PRONUNCIACIÓN:	Reglas para poner acento gráfico en las palabras.
VARIANTES USUALES DEL LENGUAJE:	Algunas variantes en el habla de México.
TEXTOS:	Fragmento de *La casa de los espíritus,* de Isabel Allende.

1 Sitúate

1. En grupo:
Mirad el mapa de México y señalad en él las cinco ciudades más grandes y pobladas del país.

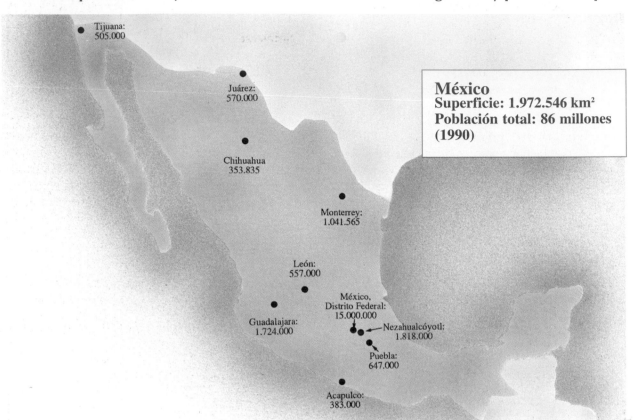

Tijuana:
505.000

Juárez:
570.000

Chihuahua
353.835

Monterrey:
1.041.565

León:
557.000

México,
Distrito Federal:
15.000.000

Nezahualcóyotl:
1.818.000

Guadalajara:
1.724.000

Puebla:
647.000

Acapulco:
383.000

México
Superficie: 1.972.546 km²
Población total: 86 millones
(1990)

2. Escucha y completa los datos del recuadro.

Total de habitantes:	Canales de TV: ....
Habitantes por km²:	Teléfonos: ....
PIB de la ciudad:	Calle más larga (km): ....
% de población joven:	Carros/coches particulares: ....
Contaminantes/año:	

L a ciudad de México es como un monstruo que devora mil ciudadanos al día. En México han ocurrido muchas cosas importantes: es la ciudad en que asesinaron a Trotski, la ciudad por la que Buñuel, famoso director de cine, paseó su nostalgia de España. En ella viven también Octavio Paz y Gabriel García Márquez. La ciudad es un conjunto de contrastes. Es la capital más poblada del mundo, con 15 millones de habitantes y 12.000 seres humanos por cada kilómetro cuadrado (tres veces más que Londres o París). Para vivir en esta ciudad, cuya población es igual a la de Finlandia, Noruega y Dinamarca juntas, se necesita mucho valor y paciencia: el peatón que guste de pasear por las calles debe enfrentarse a unos 3 millones de coches particulares o carros. Lo nuevo y lo viejo conviven en esta ciudad enorme; los grandes edificios y rascacielos no pueden ocultar la parte más tradicional, artesana y conservadora, la "ciudad auténtica" que une el presente con el pasado. Las calles son "infinitas", gigantescas, como la de los Insurgentes, que alcanza los 45 kilómetros de longitud...

La gente humilde que huye del interior del país se refugia casi toda en la capital: unas 1.000 personas se instalan diariamente en la ciudad y ya no regresan. Pero no todas encuentran empleo. Se

calcula que más de 140.000 se dedican al <u>ambulantaje</u>, como dicen ellos. Muchos viven junto a los basureros. El <u>regente</u> o alcalde de la ciudad no puede hacer mucho para solucionar este problema. Curiosamente, el <u>regente</u> de México, Distrito Federal, no es elegido por los ciudadanos; es alcalde y gobernador al mismo tiempo y lo nombra el Presidente de la nación. Sus responsabilidades son enormes: el Producto Interior Bruto (PIB) de esta ciudad es de unos US$ 50.000 millones, casi como el PIB de Argentina o Polonia. La población de la ciudad es joven: el 49% tiene menos de 19 años y un 32% está entre los 20 y los 44...

Los avances tecnológicos e industriales se concentran en una ciudad con mucha contaminación. Lo peor no son los 3,5 millones de aparatos de teléfono, o los más de veinte canales de televisión de que disfrutan los habitantes, o los más de dos millones de viviendas... Lo peor es que México está entre montañas volcánicas y la contaminación atmosférica es altísima, lo que hace que medio millón de niños y ancianos sufran irritaciones en los ojos y más de 300.000 también en la garganta. No puede ser de otra manera en una ciudad donde los espacios verdes ocupan menos de un 5%. Cuesta mucho vivir en la ciudad más poblada del mundo.

3. **En grupos:**

a) Buscad información (población, zonas verdes, industria...) sobre la ciudad o región en que vivís y comparad estos datos con los de la ciudad de México Distrito Federal.

b) ¿Os gustaría vivir en una ciudad como México? Dad cinco razones en favor o en contra.

4. **Explicad en vuestro idioma el significado de las palabras subrayadas.**

1. Es la ciudad por la que Buñuel <u>paseó</u> su nostalgia de España.
2. Las calles son infinitas, <u>gigantescas</u>.
3. ... la de los Insurgentes, que <u>alcanza</u> los 45 kilómetros de longitud.
4. Unas 1.000 personas se instalan diariamente en la ciudad y ya no <u>regresan</u>.
5. La gente humilde (...) <u>se refugia</u> casi toda en la capital.
6. Muchos viven junto a los <u>basureros</u>.
7. ... sus responsabilidades son <u>enormes</u>.
8. ... <u>lo que hace</u> que medio millón de niños y ancianos sufran irritaciones en los ojos...

5. **Elige uno de estos títulos para el texto anterior. Luego explica por qué lo has elegido.**

1. México, la ciudad del futuro.
2. Tradición y modernidad en México.
3. La ciudad del progreso.
4. La vida de 15 millones de mexicanos.

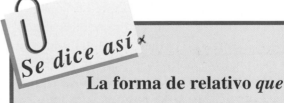

Se dice así

La forma de relativo *que*

... *es la ciudad **en que** asesinaron a Trotski.*
... *la ciudad **por la que** Buñuel paseó su nostalgia.*
***El** peatón **que** guste de pasear por las calles...*
***La** gente humilde **que** huye del interior del país...*

6. **En parejas:**

a) Revisad el texto anterior y subrayad todas las frases en que aparece la forma *que*.

b) Traducid a vuestro idioma esas frases subrayando también las palabras equivalentes al *que* español.

2 ¡Adelante!

Gramática

Oraciones de relativo

- Se construyen con *que, cuyo/a, cuyos/as*: *whose*

  *La gente humilde **que** huye del interior del país.*
  *Para vivir en esta ciudad, **cuya** población es igual a la de Finlandia, Noruega y Dinamarca...*

- *que* es palabra invariable en género y en número. Pero puede ir precedida de preposiciones:

  *Es la ciudad **en que** asesinaron a Trotski.*

- Precedida del artículo, *que* equivale a *cual* (el/la/los/las + que = el/la/los/las cual(es)):

  *La ciudad **por la que** Buñuel paseó su nostalgia.*
  *La ciudad **por la cual** Buñuel paseó su nostalgia.*

1. **Sustituye los espacios punteados por *que* o *cuyo/a/os/as*.**

1. La calle ...... conoces es la más larga de la ciudad.
2. Muchos de los ..... viven juntos son jóvenes.
3. La contaminación es lo ...... hace peligrosa a esta región.
4. El país ...... cultura te gusta tanto es Perú.
5. Los datos a ...... te refieres son falsos.
6. El restaurante en ..... comiste es bastante barato.
7. La siesta, ... es una costumbre española, es buena para la salud.
8. La amiga de ..... te hablé ha llegado ya.

2. **Transforma las frases siguientes según el modelo.**

> La gente es humilde. Huye del interior del país.
> *La gente que es humilde huye del interior del país.*

1. La ciudad es ruidosa. Es poco atractiva.
2. El alumno ha venido. Es muy estudioso.
3. El profesor entra en clase. Habla bien español.
4. La señorita viste pantalón azul. Es nuestra vecina.
5. Esta película dura dos horas. Es muy interesante.
6. La habitación está pintada de blanco. Es muy fría en invierno.

3. **Sustituye lo subrayado por una oración de relativo.**

> La ciudad de México (tener 15 millones de habitantes = que tiene 15 millones de habitantes), es la más poblada del mundo.

1. La fiesta de fin de año (ser muy divertida) reúne a ricos y a pobres.
2. Este sillón (estar hecho de madera de pino) es poco elegante.
3. El edificio de ocho pisos (construirse en 1985) ha sido vendido por el Banco.

4. El periódico del día (<u>publicarse en la ciudad</u>) nunca trae noticias agradables.
5. La mujer de rojo (<u>acabar los estudios y ser abogada</u>) ha sido elegida como alcalde de la ciudad.
6. La cantante de moda (<u>cantar canciones populares</u>) llegará mañana a esta ciudad.

4. Lee y completa con las palabras del recuadro.

que - que - más de - echar - porque - los - lo que - que - quién - que

Muchos la critican, algunos la odian, todos la aman cuando la conocen: es la **siesta**. La siesta, ... es típicamente española, se practica también en otros países mediterráneos. No todos .... países o regiones son adecuados para la siesta. .... exige y supone la siesta es calor. Sin un sol .... caliente mucho y bien, la siesta no tiene sentido. Durante mucho tiempo se ha criticado la siesta .... se asociaba a la pereza, a la falta de espíritu de trabajo. Pero las cosas no son tan simples: en un país .... tiene clima frío, echar una siesta después de comer no es habitual. Sin embargo, en una región calurosa, ¿........... es capaz de trabajar en el campo a mediodía, con 35° o 40° centígrados? Ése es el origen de la siesta y no la pereza. Las investigaciones médicas han añadido algo positivo a la costumbre de .... la siesta: media hora de descanso después de comer ayuda a evitar el infarto, mejora el estado de ánimo y aumenta luego la productividad en el trabajo. Lo .... era criticado pronto será apreciado. Y es que las costumbres populares responden a menudo a necesidades vitales. Pero atención: los médicos aconsejan que la siesta no se prolongue durante ... . 30 minutos.

5. Busca en el texto anterior las palabras que corresponden a estos significados.

1. Hablan mal de ella.
2. Sueño de corta duración después de la comida de mediodía.
3. Acto o acción que se repite habitualmente.
4. Tienen un sentimiento de aborrecimiento o aversión hacia ella (la siesta).
5. Convenientes para un fin determinado.
6. Tiempo en que se interrumpe el trabajo para recuperar fuerzas.
7. Algo/Alguien por lo que/el que se siente afecto o estima.
8. Dicen a otros que actúen de una manera determinada.

6. Completa con *que* precedido de la preposición adecuada.

1. La ciudad ... ... vivimos es muy agradable.
2. El profesor ... ... me hablaste es español.
3. El libro ... ... te refieres cuesta 2.500 pesetas.
4. Los cursos ... ... te matriculaste se celebrarán el mes que viene.
5. No encuentro la tienda ... ... me hablaste.
6. El coche ... ... le recogiste es nuevo.
7. El momento ... ... me encuentro es decisivo para mi vida.
8. Las palabras ... ... me recibiste no eran las más adecuadas.

3. En marcha

1. Escucha y lee.

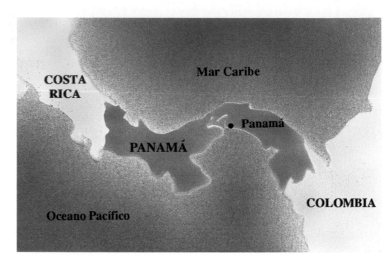

Rosa: ¿Has leído esta encuesta?: *Lo que opinan los panameños sobre el cielo y el infierno.* Es muy interesante. La mayor parte opina que existen el cielo y el infierno.

Raquel: Es normal, la mayoría de la gente en Panamá somos católicos, ¿no?

Rosa: Sí, claro, tienes razón. Pero esto otro ya es menos habitual: la mayoría cree que irá al cielo después de la muerte… ¡Caramba! ¡Qué buenos somos todos!

Raquel: A ver, a ver...

Rosa: Espera, espera, que hay más. Sólo cuatro de cada cien personas creen que irán al infierno.

Raquel: ¿De veras? Bueno, yo tampoco espero sufrir durante toda la eternidad. ¿Y tú?

Rosa: Espero que no, pero no lo sé. Fíjate, sólo el 14% afirma que no existe nada después de la muerte.

Raquel: Me parece que muchos dicen solamente lo que les interesa o lo que desean para sí mismos. ¿Crees que esta encuesta es fiable?

Rosa: Sí, creo que sí: han sido encuestados más de 1.200 ciudadanos de Panamá y la empresa que ha hecho la encuesta es muy seria. La encuesta es mucho más amplia. El capítulo de las creencias religiosas es sólo un apartado de la encuesta. Hay también otros datos de interés.

Raquel: ¿Cuáles?

Rosa: También se pide la opinión de los panameños sobre los partidos políticos, el desarrollo económico, la presencia del ejército norteamericano en Panamá y las próximas elecciones.

2. Consulta estos gráficos ¿Cuáles de ellos no han comentado ni Rosa ni Raquel?

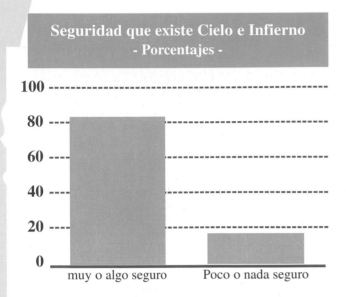

Seguridad que existe Cielo e Infierno
- Porcentajes -

(eje vertical: 100, 80, 60, 40, 20, 0)

barras: muy o algo seguro — Poco o nada seguro

Probabilidad de asistir a servicios religiosos según el sexo del entrevistado
- Porcentajes -

Opinión	Total	Sexo	
		Masc.	Fem.
Total	100	100	100
Muy posible	39	32	47
Algo posible	25	24	26
Poco posible	20	25	15
Nada posible	16	19	12

Cuando se muere dónde irá, según nivel educativo
-Porcentajes -

Conocimiento	Nivel Educativo			
	Total	Prim.	Secun.	Super.
Total	100	100	100	100
Irá al cielo.	51	55	51	45
Me sepultarán, no hay nada después.	14	12	15	16
Purgatorio	9	8	8	12
El infierno	4	3	5	3
NS/NC	22	22	21	24

3. Lee de nuevo el texto anterior, consulta los gráficos y averigua si estas frases son verdaderas o falsas.

1. El catorce por ciento de los panameños dice que a la muerte no le sigue nada.
2. Rosa dice que la encuesta no es fiable.
3. Los habitantes de Panamá no son muy creyentes.
4. La encuesta se refiere solamente a las creencias religiosas de los panameños.
5. Más de la mitad de los panameños cree que irá al infierno.

4. En parejas:

a) Revisad el diálogo anterior y haced una lista de todos los adjetivos utilizados en el texto.

b) Escribid cinco frases usando algunos de esos adjetivos y leedlas a la clase.

Se dice así

> **Opino que + verbo (en indicativo):** *Opino que existe el cielo.*
>
> **Creo que + verbo (en indicativo):** *Creo que la encuesta es fiable.*
>
> **No creo que + verbo (en subjuntivo):** *No creo que exista el infierno.*
>
> **En mi opinión ....:** *En mi opinión los panameños irán al cielo.*

5. **En grupo:**
Opinad sobre las siguientes afirmaciones usando las estructuras del recuadro.

- Opino / Creo / No creo que ...

1. Las encuestas no son fiables.
2. Los encuestados no suelen decir la verdad.
3. La mayoría de panameños prefiere ir al infierno.
4. Las encuestas cambian la realidad.
5. Los pobres tienen derecho a ir al cielo.

6. **En parejas:**

a) **Anotad cinco temas de interés.**

b) **Haced una encuesta a compañeros/as de clase sobre esos temas.**

c) **Escribid luego lo que creen/opinan vuestros compañeros/as sobre cada tema.**

7. **Reglas de acentuación gráfica.**

a) **Reglas para poner acento gráfico en las palabras.**

Regla 1ª. Palabras con acento tónico en la **última sílaba**: se pone acento gráfico sobre la vocal de la última sílaba de palabras que acaban en *vocal*, o en *n* o *s*: *sofá, sillón, harás*. Pero *correr, amar*, etc.

Regla 2ª. Palabras con acento tónico en la **penúltima sílaba**: se pone el acento gráfico solamente en la vocal de la penúltima sílaba en aquellas voces cuya terminación no es **ni vocal**, ni **n**, ni **s**: *cárcel, lápiz, césped*, etc. Pero *daño, virgen*, etc.

Regla 3ª. Palabras con el acento tónico en la **antepenúltima sílaba**: se pone el acento gráfico en la vocal de la antepenúltima sílaba: *pájaro, mecánico, máquina, hipopótamo.*

b) **Escucha y pon el acento gráfico donde sea necesario.**

gramatical	jardin	ingles
caracter	ojo	magnifico
camion	oficina	ultimo
matematicas	lima	conquista
leon	volcan	parentesis
habil	oceano	despues
pasaporte	martes	arbol

En busca de la palabra

a) Observa estas expresiones utilizadas para *expresar una opinión*.

En mi opinión...
A mi entender...
A mi parecer...
A mi juicio...
Según mi opinión...
Según tengo entendido...
Opino que...
Considero que...
Creo que...

b) Haz seis frases con seis de esas expresiones.

c) Tradúcelas a tu idioma y compara las expresiones del español (para expresar una opinión) con las usadas en tu lengua materna.

Variantes usuales del lenguaje

Expresiones y palabras propias del español mexicano.

En México	En España y en el español normativo
*Si algún día me llegan a hacer algo, habrá otros **chavos** que se pongan en huelga por mi libertad.*	**...muchachos...**
*No te dejes **chingar**.*	**...fastidiar...**
*Laura entró al **elevador** y apretó el botón del noveno piso.*	**...ascensor...**
*Pronto hará un año que el marido se le mató en un **estrellón**.*	**...choque...**
*La madre decía conmovida. "Mi **gordo** está llorando".*	**...hijo...**
*¿De dónde piensas sacar tanta **lana**? ¿Jugando al bingo?*	**...dinero/tela...**
*Llevaban **playeras** para pasear a la orilla del mar.*	**...camisetas...**
*Si andas con **relajos** no te daré permiso.*	**...desórdenes...**
*- ¿**Bueno**? (respondiendo al teléfono).*	**...¿Dígame?**

Clara murió el mismo día que Alba cumplió siete años. El primer anuncio de su muerte fue perceptible sólo para ella. Entonces comenzó a hacer secretas disposiciones para partir...

De pronto comenzó a asfixiarse. Sentía en el pecho el galope de un caballo enloquecido y la ansiedad de un jinete que va a toda prisa contra el viento. Dijo que era el asma, pero Alba se dio cuenta que ya no la llamaba con la campanita de plata para que la curara con abrazos prolongados. Una mañana vio a su abuela abrir las jaulas de los pájaros con inexplicable alegría.

Clara escribió pequeñas tarjetas para sus seres queridos, que eran muchos, y las puso en una caja bajo su cama. A la mañana siguiente no se levantó y cuando llegó la criada con el desayuno, no le permitió abrir las cortinas. Había comenzado a despedirse también de la luz, para entrar lentamente en las sombras.

Advertido, Jaime fue a verla y no se fue hasta que ella se dejó examinar. No pudo encontrar nada anormal en su aspecto, pero supo, sin lugar a dudas, que iba a morir. Salió de la habitación con una amplia e hipócrita sonrisa y una vez fuera de la vista de su madre, tuvo que apoyarse en la pared, porque le flaqueaban las piernas. No se lo dijo a nadie en la casa.

- Creo que ha decidido morirse y la ciencia no tiene remedio alguno contra ese mal -dijo Jaime.

- Igual que en el momento de venir al mundo, al morir tenemos miedo de lo desconocido: Pero el miedo es algo interior que no tiene nada que ver con la realidad. Morir es como nacer: sólo un cambio -había dicho Clara.

Agregó que si ella podía comunicarse sin dificultad con las almas del Más Allá, estaba totalmente segura de que después podría hacerlo con las almas del Más Acá, de modo que en vez de lloriquear cuando ese momento llegara, quería que estuviera tranquila, porque en su caso la muerte no sería una separación, sino una forma de estar más unidas. Alba lo comprendió perfectamente.

La casa de los espíritus,
Isabel Allende (Chile)

Unidad de revisión
y autoevaluación

Puntuación:
I. Comprensión oral: 15
II. Comprensión escrita: 15
III. Expresión oral y escrita: 25
IV. Gramática y léxico: 25
Total 80

I. Comprensión oral (15 puntos)

1. Escucha y completa. (3 p.)

Roberto nació .... 17 años en Medellín, Colombia. Es .... de .... Él es muy ...., pero también alto, ... casi dos metros. Su deporte .... es el .... Lleva el .... muy corto, es ...., con ojos ...., boca .... y cara .... y bastante ....

2. Escucha y señala las expresiones que oigas. (3 p.)

a) ¡Qué desastre!
b) ¡Qué lugar tan agradable!
c) ¡Cuánta porquería!
d) ¡Qué barbaridad!

3. Escucha y anota V (verdadero) o F (falso). (3 p.)

	V	F
a) Rosario suele cuidarse mucho.	☐	☐
b) Rosario no acostumbra a fumar.	☐	☐
c) Rosario suele practicar algún deporte.	☐	☐
d) Irene convence a su amiga para que practique deporte.	☐	☐

4. Escucha lo que dice Antonio y contesta a las preguntas. (3 p.)

a) ¿Cuántas horas solía trabajar Antonio?
b) ¿Qué acostumbraba a comer?
c) ¿Qué ha cambiado su vida?
d) ¿Cómo se siente ahora?

5. Escucha y señala el recuadro que se ajusta al texto. (3 p.)

Encuesta: Preferencias de las mujeres para elegir compañero:

Médico/Abogado	30%	Médico/Abogado	40%	Médico/Abogado	20%
Profesor	25%	Director Emp.	20%	Director Emp.	20%
Escritor/Actor	10%	Escritor/Actor	15%	Deportista	20%
Deportista	10%	Deportista	9%	Escritor/Actor	15%
Político	10%	Político	5%	Profesor	10%
Director Emp.	5%	Profesor	1%	Político	5%
NS/NC	10%	NS/NC	10%	NS/NC	10%

II. Comprensión escrita (15 puntos)

1. Lee la descripción y señala a qué dibujo se refiere. (3 p.)

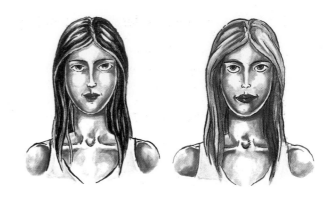

María Dolores tiene veinte años y estudia inglés y francés en la Escuela Oficial de Idiomas. Es una chica muy alegre; le gusta divertirse. Le encanta hacer deporte, leer y viajar. Es morena y muy guapa. Sus ojos son oscuros, sus cabellos son negros y bastante largos. Su nariz es pequeña y chata. Tiene una boca pequeña, un poco redondeada y labios finos.

2. Relaciona las frases de cada columna. (3 p.)

a) He ganado 100 millones de pesetas.
b) Esta fábrica está contaminando el río.
c) Juan ha perdido el carnet de identidad.
d) No podremos ir de excursión. Está lloviendo mucho.
e) El Barcelona ha ganado al Milán por 9 a 0.

1) ¡Qué desilusión!
2) ¡Qué alegría! ¡Cuánto dinero!
3) ¡Qué desastre! ¿Dónde?
4) ¡No es posible!
5) ¡Qué pena! ¡Cuánta suciedad!

3. Completa las siguientes frases con una palabra del recuadro. (3 p.)

parece	*encantan*	*tenemos*	*creen*	*nació*	*reunida*	*crecieron*	*exige*

a) Juan Alberto .... hace 17 años en Barcelona.
b) Le .... los anillos y los pendientes.
c) Juan y María .... en un pueblo de poco más de 500 habitantes.
d) ¡Cuánta porquería .... en un río tan pequeño!
e) Me .... que es una persona muy tímida.
f) .... que prestar más atención a los consejos del médico.
g) Lo que .... y supone la siesta es calor.
h) Sólo cinco de cada cien personas .... que irán al infierno

4. Señala cuáles de las siguientes frases indican hábito/costumbre. (3 p.)

a) Mañana vendrá el técnico a arreglar el ordenador.
b) Tú no acostumbras a beber.
c) Recoge las cosas de tu habitación.
d) Pero lees mucho y sueles dormir poco.
e) No hay que fumar.
f) Tengo por costumbre pasear todas las tardes.
g) ¿A qué hora llegas hoy del trabajo?
h) Suelo comprar el periódico todos los días.

5. Ordena las frases siguientes y reconstruye el texto original. (3 p.)

la ciudad de México fue elegida capital de la República.

y más tarde sería la capital de la Nueva España.

por los aztecas, con el nombre de Tenochtitlán.

De 1517 a 1521 fue destruida por los españoles, conducidos por Hernán Cortés

La ciudad de México fue fundada el año 1176

Al separarse México de España, en 1824,

III. Expresión oral y escrita (25 puntos)

1. Escucha y responde a las preguntas. (5 p.)

a) ....

b) ....

c) ....

2 Recuerda cómo eras de niño/a y descríbete. (5 p.)

- cuerpo, - cara, - pelo, etc.

....

....

....

....

3. Observa los dibujos y expresa tus preferencias. (5 p.)

4. Escribe cinco accioness que suelas hacer en vacaciones. (5 p.)

a) ....

....

b) ....

....

c) ....

....

d) ....

....

e) ....

....

5. Opina sobre las siguientes afirmaciones. Utiliza las expresiones *opino que/(no) creo que/en mi opinión*. (5 p.)

a) El Mediterráneo es un mar limpio.

b) Fumar no es tan malo como dicen los médicos.

c) La siesta es una clara señal de pereza.

d) La gramática es poco útil para aprender una lengua.

e) Viendo la TV se aprenden también muchas cosas buenas.

IV. Gramática y léxico (25 puntos)

1. Escribe las formas del *indefinido* y del *imperfecto* de los siguientes verbos. (5 p.)

	Indefinido (de indicativo)..	Imperfecto (de indicativo)
a) Explicar	....	....
b) Obligar	....	....
c) Alcanzar	....	....
d) Buscar	....	....
e) Jugar	....	....
f) Empezar	....	....

2. Completa con el adjetivo entre paréntesis en forma de comparativo/superlativo. (5 p.)

a) La carne es buena, pero el pescado es aún (bueno) ....
b) Esta casa es grande, pero aquélla es muchísimo (grande) ....
c) Este coche es (rápido) .... Llega a los 300 km/h.
d) Este problema de matemáticas es (difícil) ....
e) La fiesta de ayer fue (divertida) .... Nunca he visto una fiesta igual.

3. Completa con *ser/estar*. (5 p.)

a) ¿(Tú) .... ya listo?
b) Estas sillas .... hechas de un plástico especial.
c) En clase (nosotros) .... diez chicos y doce chicas.
d) .... las siete y diez.
e) Joaquín .... muy madrugador.
f) Esta obra de teatro .... muy conocida.
g) Creo que Juan .... enfermo.
h) Éste .... el último.

4. Completa con *que, cuyo/a, el/la/lo que, en que*. (5 p.)

a) Monóvar es el pueblo .... nació Azorín.
b) Esta casa, ... puerta principal es de madera, tiene más de 200 años.
c) Ha venido el señor .... vimos ayer por la tarde.
d) ¿Te he contado .... le ha sucedido a mi profesor?
e) El partido de fútbol .... vimos ayer fue interesante.
f) Eres tú .... está más cansado.
g) El autobús .... sale a las cinco está siempre lleno.
h) El periódico .... suelo comprar los domingos es *La Verdad*.

5. Escribe dos adjetivos que describan. (5 p.)

a) el pelo: ....
b) la frente: ....
c) los ojos: ....
d) la boca: ....
e) los labios: ....
f) las orejas: ....
g) la nariz: ....

¿Queremos que haya árboles?

ÁREA TEMÁTICA:	La conservación del planeta Tierra.
APRENDERÁS A:	Hablar de cantidades.
	Referirse al futuro, expresar acciones posibles, realizables, deseables, etc.
	Constatar hechos, hacer afirmaciones, describir el entorno físico.
GRAMÁTICA:	Formas y usos del presente e imperfecto de subjuntivo.
	Estructuras para constatar hechos (con indicativo).
ORTOGRAFÍA Y PRONUNCIACIÓN:	Uso enfático del pronombre personal sujeto ante el verbo.
VARIANTES USUALES DEL LENGUAJE:	En la comisaría de policía: declaración de pérdida o robo de algo.
TEXTOS:	Fragmento de *Juegos de la edad tardía*, de Luis Landero.

1 Sitúate

1. **En grupo:**
Mirad este mapamundi y anotad en qué países se encuentran las mayores reservas de bosques tropicales o selvas.

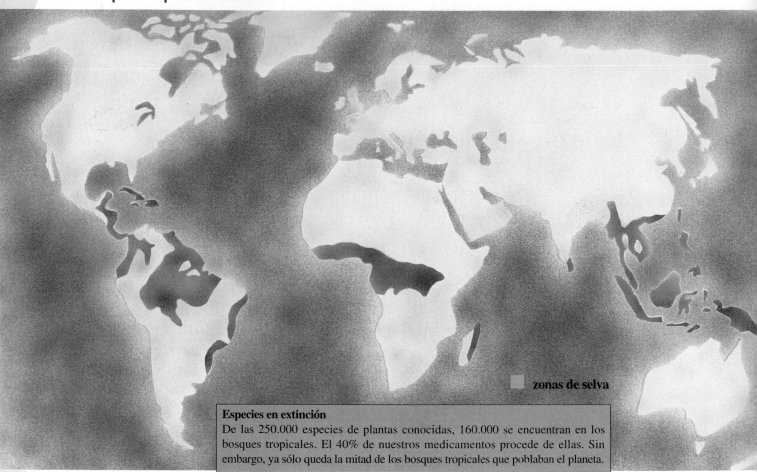

zonas de selva

Especies en extinción
De las 250.000 especies de plantas conocidas, 160.000 se encuentran en los bosques tropicales. El 40% de nuestros medicamentos procede de ellas. Sin embargo, ya sólo queda la mitad de los bosques tropicales que poblaban el planeta.

2. **Escucha y completa este texto.**

El hombre ha vivido hasta el presente sin preocuparse por el lugar en que habitaba, la Tierra. Hemos pensado que los árboles nunca se ...., que los bosques eran infinitos, que el oxígeno del aire .... siempre allí en abundancia, que nuestro planeta Tierra tenía de todo y para todos. Pero la realidad no es así. ¿Queremos que .... árboles? Pues tenemos que plantar más árboles y cortar menos. ¿Deseamos que los bosques no se ....? Pues hemos de cuidar los bosques. ¿Necesitamos que el oxígeno no se ...... para poder respirar? Pues entonces hay que contaminar menos el aire. ¿Somos conscientes de que en los diez últimos años la Tierra ha perdido el 10% de las selvas tropicales? Los científicos afirman que cada año se .... unos 17 millones de hectáreas de bosques. Si seguimos con este ritmo de destrucción, en 100 años los grandes espacios verdes ..desaparecen...

Hoy sabemos que si desaparecen los bosques no solamente perdemos árboles. La falta de árboles hace que cambie el clima, que se produzca menos oxígeno y que se .... el ciclo de las lluvias. Estos cambios, a su vez, dan lugar a otros. El más importante es que .... formas de vida, aunque muchas de ellas sean desconocidas, no .... aún estudiadas o no hayan sido descubiertas.

La vida sobre nuestro planeta forma un todo equilibrado. Si se rompe el equilibrio global, todo el sistema puede....... destruirse. La desaparición de animales y plantas afectará a ese equilibrio. Por ejemplo, de las 250.000 plantas conocidas, 160.000 están en los bosques tropicales. Y de todas las aves del mundo, una quinta parte vive en estos mismos bosques tropicales. En ellos .... también el 90% de los monos y primates. Ya solamente queda la mitad de las selvas que había en la Tierra. Los continentes más afectados por la pérdida .... sido América (Brasil, Perú, Venezuela, el Caribe, México), África (Zaire) y el sur de Asia (Indonesia). ¿Queremos que el hombre siga... sobre la Tierra? En tal caso tenemos que cuidar de nuestro planeta.

3. **En parejas:**

a) Leed el texto de nuevo y anotad las razones por las que es necesario cuidar de la Tierra y conservar los bosques.

....

....

....

b) Explicad esas razones a la clase.

4. **Mira de nuevo el texto anterior y explica con otras palabras el significado de:**

preocuparse: ....

que se produzca: ....

bosque: ....

en abundancia: ....

no se agoten: ....

se destruyen: ....

si desaparecen: ....

afectará a: ....

siga sobre la tierra: ....

5. **Haz cinco frases con cinco de las palabras explicadas en el ejercicio 4.**

....

....

....

....

....

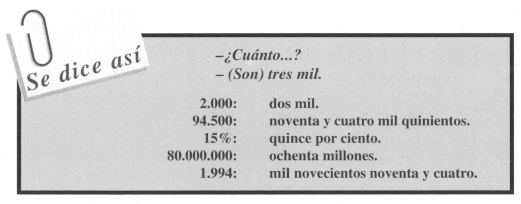

Se dice así

−¿Cuánto...?
− (Son) tres mil.

2.000:	dos mil.
94.500:	noventa y cuatro mil quinientos.
15%:	quince por ciento.
80.000.000:	ochenta millones.
1.994:	mil novecientos noventa y cuatro.

6. **Anota todas las cifras que encuentres en el texto. Luego escríbelas con letras.**

¡Adelante!

1. **Traduce a tu idioma las siguientes frases.**

1. ¿Necesitamos que el oxígeno no se acabe para poder respirar?
   ....

2. La falta de árboles hace que se rompa el ciclo de las lluvias.
   ....

3. ... aunque muchas de ellas sean desconocidas...
   ....

4. ¿Queremos que el hombre siga sobre la tierra?
   ....

5. ... aunque muchas de ellas no hayan sido descubiertas.
   ....

APRENDE A APRENDER:

• Compara cada una de las frases anteriores con la traducción a tu idioma.

• Observa especialmente cómo has traducido los verbos. ¿Coinciden los tiempos verbales en español y en tu idioma?

• Consulta una gramática o pregunta al profesor si es necesario.

Gramática

Formas del Subjuntivo

	Presente	Imperfecto
Contaminar:		
(yo)	contamine	contaminara/-nase
(tú)	contamines	contaminaras/-nases
(él/ella)	contamine	contaminara/-nase
(nosotros/as)	contaminemos	contamináramos/-násemos
(vosotros/as)	contaminéis	contaminarais/-naseis
(ellos/as)	contaminen	contaminaran/-nasen
Vivir:		
(yo)	viva	viviera/-iese
(tú)	vivas	vivieras/-ieses
(él/ella)	viva	viviera/-ese
(nosotros/as)	vivamos	viviéramos/-ésemos
(vosotros/as)	viváis	vivierais/-ieseis
(ellos/as)	vivan	vivieran/-iesen

Se dice así

- ¿Queremos que **haya** árboles?
- La falta de árboles hace que **cambie** el clima.
- ... aunque muchas de ellas **sean** desconocidas...
- ¿Queremos que el hombre **siga** sobre la tierra?

Observa que el subjuntivo se usa cuando el hablante se refiere a algo que quiere presentar como no realizado, posible, deseable (pero todavía no real) o futurible.

2. Expresa algunos deseos en relación con la vida y actividad sobre la Tierra.

- Deseo que los coches **contaminen** menos.

1. ....
2. ....
3. ....
4. ....
5. ....
6. ....
7. ....

3. Transforma según el modelo.

- ¿Qué quiere? / Isabel, llegar pronto a casa
- Quiere que Isabel llegue pronto a casa.

1. ¿Qué deseáis? / los gobiernos, controlar los espacios verdes.
2. ¿Qué quieren? / las industrias, ser más limpias.
3. ¿Qué desea tu hijo? / (a él), comprar un regalo en Navidad.
4. ¿Qué quieres para tu cumpleaños? / (tú), invitar al cine.
5. ¿Qué desean para su país? / haber menos pobreza.
6. ¿Qué cree posible? / los parados, encontrar trabajo.
7. ¿Qué consideran oportuno? / todos los países del mundo, trabajar por la paz.
8. ¿Qué aconsejan? / plantar dos árboles al año.

4. Completa con el verbo en subjuntivo o en indicativo, según convenga.

1. Mis amigas ...... (decir) que este año no nevará.
2. El médico considera que el enfermo ...... (caminar) bien.
3. Es posible que ...... (necesitar) más horas para estudiar.
4. El trabajo de cada día hace que Luis ..... (ser) feliz.
5. ¿Crees posible que en Murcia ...... (haber) 20º de temperatura en diciembre?
6. Quizás la capa de ozono del Ártico .... (regenerarse) en el futuro.
7. Todas las teorías juntas no ..... (ser) capaces de explicar este hecho.
8. Las calles no .... (ser) anchas, pero quizás esto .... (ser) porque no hay espacio.
9. Es bueno que todos .... (convivir) juntos.
10. Si se .... (romper) el equilibrio, la atmósfera ...... (poder) destruir a los seres vivos.

5. Completa el texto con las palabras del recuadro.

sea - queden - sigan - habría - piense - gusten - repartir

Es posible que en el mundo .... unas 9.000 especies de aves. Si contásemos todas las que vuelan por los aires, quizás .... unos 50.000 millones de pájaros de todo tipo y tamaño. Quizás a todos nos .... los pájaros; ninguno es realmente peligroso para el hombre. Probablemente alguien ...... que hay muchos pájaros. No es verdad: si los pudiésemos .... entre los seres humanos, nos tocarían diez pájaros por persona. Sólo en España hay unos seiscientos millones de aves, de cuatrocientas especies diferentes. ¿Has calculado los que habrá en las selvas amazónicas? Pues bien: pedimos que los pájaros ...... ahí, que sean respetados, que ..... posible convivir con ellos. El planeta será más hermoso con pájaros que sin ellos.

Gramática

Subjuntivo de *ser* y *estar*

	Presente		Imperfecto	
(yo)	sea	esté	fuera	estuviera/-iese
(tú)	seas	estés	fueras	estuvieras/-ieses
(él/ella)	sea	esté	fuera	estuviera/-iese
	etc.	etc.	etc.	etc.

6. Completa con las formas verbales adecuadas de *ser* o *estar* en subjuntivo.

1. Es probable que aquello .... un río.
2. Me gustaría que la casa .... un poco más grande.
3. A estas horas es posible que Isabel .... en casa.
4. Si .... siempre a mi lado, yo sería feliz.
5. ¿Estás contento con tu suerte? No, pero ojalá lo ....
6. ¿Qué harías si ...... presidente de la nación?
7. Iré a verte cuando ..... las 11 de la noche.
8. ¿Quieres que ella .... siempre a tu lado?

7. Busca en los textos anteriores las palabras que corresponden a estos significados.

1. Vivía en ese lugar.
2. Variación de algo respecto a lo que era antes.
3. Hay todavía.
4. Se dice de las cosas sobre las que tenemos ideas claras y que identificamos bien.
5. Con riesgo de que pueda causar algún daño.
6. Volumen o dimensión de algo.
7. Que son vistos con actitud deferente o con consideración.
8. Que no son iguales a otros.

3 En marcha

1. Escucha y lee.

La atmósfera de la Tierra está cubierta por una capa de ozono.

Varias teorías explican la destrucción de formas de vida sobre la tierra, en tiempos prehistóricos, debido a la destrucción de la capa de ozono.

El 90% del ozono está entre los 15 y 30 kilómetros de altura. La mayor concentración está a 25 kilómetros de la superficie terrestre.

El ozono se produce por la acción del sol. En invierno el ozono disminuye en los polos terrestres y en primavera se regenera (al aumentar la acción solar).

La destrucción del ozono se debe a la concentración de cloro de origen humano en las capas altas de la atmósfera antártica.

Los científicos creen que la destrucción de ozono provocará cambios en las corrientes de aire.

En 1982 un científico japonés descubrió que la capa de ozono seguía destruyéndose también en primavera.

El aumento de cloro se debe principalmente a los aerosoles y líquidos usados en la refrigeración.

La destrucción de zonas verdes no ayuda a la producción de oxígeno.

En Europa y en los diez últimos años se ha perdido de un 6 a un 8% de ozono.

2. Responde a las siguientes preguntas, según el texto anterior.

1. ¿Qué dicen los científicos sobre las corrientes de aire y el ozono?
2. ¿Qué cantidad de ozono se ha perdido en Europa en los últimos años?
3. ¿Dónde hay ozono?
4. ¿Cuándo se produce ozono?
5. ¿Cuándo se destruye ozono?
6. ¿Qué provoca el aumento de cloro en la atmósfera?

Se dice así

Para constatar hechos o hacer afirmaciones sobre el entorno físico

- *La atmósfera de la Tierra está cubierta por ...*
- *El ozono se produce por la acción del sol.*
- *El aumento del ozono se debe principalmente a ...*
- *Un científico japonés descubrió que ...*
- *En los últimos 10 años se ha perdido de un 6% a un 8% de ozono.*

Para constatar hechos se usan los tiempos del indicativo.

3. En parejas:
a) Haced cinco frases similares a las del recuadro en relación con vuestro entorno.

1. ....
2. ....
3. ....
4. ....
5. ....

b) Leed vuestras *constataciones* a la clase.

4. Decidlo de otra manera, usando un tiempo de indicativo.

1. Es posible que la capa de ozono esté a 25 kilómetros.
   - *La capa de ozono está a ....*
2. Es posible que el ozono se produzca por la acción del sol.
3. Quizás en primavera aumente la capa de ozono.
4. Es probable que el cloro destruya el ozono de la atmósfera.
5. No hay teorías que expliquen bien la disminución del ozono.
6. Es probable que la falta de árboles sea la causa de los cambios climáticos.

5. En grupos:
a) Sois un grupo ecologista que tiene como fin preservar el medioambiente. Escribid un decálogo de lo que debe hacer la gente (*Hay que, Es preciso que,...*) sobre alguno de los temas siguientes:

las basuras y desperdicios / los espacios verdes / los detergentes / los productos químicos / los seres vivos / las plantas

b) Leed vuestro decálogo de consejos a la clase.

6. Pronunciación y enfatización del pronombre.

Uso del pronombre sujeto antes del verbo.

En español el verbo no suele ir precedido del pronombre sujeto (*(Yo) pienso, (tú) llegas, (ellos) contaminan...*, etc.). Pero a veces sí se usa el pronombre correspondiente a la forma verbal: en tal caso la presencia del pronombre indica que el hablante quiere resaltar o poner el énfasis en el sujeto de la acción por alguna razón especial; lo que también se expresa en la entonación.

Yo *siempre llego pronto* (= otros quizás no lleguen pronto, pero **yo** sí).
¿Crees que **ella** *es sincera?* (= **ella**, que a menudo no es sincera...)

Escucha y repite.

Siempre son ellos quienes empiezan. / Yo no sé nada sobre el tema. / Vosotros sois los culpables. / Es ella la que ha provocado el accidente. / No queréis admitirlo, pero vosotros habéis llegado los últimos. / Tú la ves y la escuchas a todas horas. Tú debes conocerla.

En busca de la palabra

Busca en el diccionario el significado exacto de estos verbos y utiliza el más adecuado en cada frase.

declarar   decir   comentar   narrar   proferir   revelar   exponer
anunciar   recitar   contar   proponer   pronunciar   comunicar   ordenar

1. El muchacho nos .... lo que le había sucedido en la ciudad.
2. El conferenciante .... algunos datos de su investigación.
3. El Presidente no .... una sola palabra durante todo el acto oficial.
4. La señora me .... uno de sus secretos.
5. El niño .... la poesía con mucho sentimiento.
6. El general .... que la guerra había terminado.
7. Llegados a casa, ... las noticias con sus padres y hermanos.
8. El ministro .... un largo y aburrido discurso.
9. Mi madre .... que ya era tarde para seguir en la calle.
10. La ley .... que los culpables sean castigados.

Variantes usuales del lenguaje

En caso de pérdida o robo.

En necesario presentarse a la comisaría de policía y rellenar un impreso o declaración. La policía le entregará un justificante de que usted ha perdido algo o le ha sido robado algo.

En España	En Hispanoamérica
Usted	
- *Me han robado el bolso. / He perdido mi cartera.*	- *Me han robado la cartera.*
- *Querría hacer una declaración por robo/pérdida.*	- *Quiero hacer una declaración por robo.*
- *Me han robado la cartera. ¿Qué tengo que hacer?*	- *Me han robado la cartera. ¿Qué tengo que hacer?*
- *Al pagar en la tienda me di cuenta de que me habían robado la cartera. ¿Qué debo hacer?*	- *Al sacar la plata me di cuenta que me habían robado la cartera. ¿Qué tengo que hacer?*
En la comisaría	
- *¿Cuándo se dio usted cuenta del robo / de la pérdida?*	- *¿Cuándo se dio cuenta del robo?*
- *¿Lo ha perdido usted o se lo han robado?*	- *¿Se lo han robado a usted o lo ha perdido?*
- *¿Qué tenía usted en el bolso / en la cartera?*	- *¿Qué tenía usted en la cartera?*
- *¿Tenía usted tarjetas de crédito en la cartera/bolso? Debe usted llamar al Banco urgentemente.*	- *¿Tenía usted tarjetas de crédito en su cartera? Debe usted llamar al banco urgentemente.*
- *Tiene usted que rellenar este impreso.*	- *Tiene usted que rellenar este formulario.*

–¡Exacto! –gritó Gil–. ¿No le he dicho que yo quería ser pensador?

  –¿Y a qué espera?

–Es que no se me ocurre nada. Es terrible. Me pongo a pensar y nada. Yo tuve un maestro de niño que decía que los filósofos se dan más en las orillas del mar porque allí la gente come mucho pescado y el pescado tiene mucho fósforo. (...) Yo creo que el destino de cada uno empieza en la fisiología. Mi problema, por ejemplo, son los ojos. Si los cierro, me ocurre que donde estaban los ojos se forman unos agujeros que los veo con la mente y veo tantas chirivitas que me distraigo y no puedo pensar. Si los abro me distraen las cosas y tampoco puedo. A mí me admira la gente capaz de pensar hasta en un bazar. Yo enseguida me distraigo, es terrible. Además, me duelen los pies y las muelas, y sufro ardores de estómago. Yo, señor Faroni, nunca podré ser pensador. Yo soy un enfermo, eso es lo que yo soy –y se oyó como un sollozo reprimido.

  –Vamos, Gil, no se hunda –murmuró Gregorio.

TEXTOS TEXTOS TEXTOS TE

–Si no me hundo, Señor Faroni. Ya le dije que en el fondo yo soy un tipo duro. Lo que pasa es que aquí no se puede pensar. Una vez, sin embargo –y se le iluminó la voz–, hace años, se me ocurrió un buen pensamiento. ¿Quiere que se lo cuente?

  –Adelante, Gil.

–Le parecerá una tontería. No se lo cuento a nadie para que no me lo roben, ya sabe, pero usted es distinto porque tiene muchos y seguramente se reirá del mío. Verá, es sobre la vida. Usted, claro está, conoce la fábula del cuervo y del zorro, ¿no? ¿Se acuerda que el cuervo, por cantar, pierde el queso? Pues así es la vida, o se canta o se come. Bueno, pues yo he pensado que lo ideal sería asegurar el queso y graznar por las junturas. ¿Qué le parece?

  –Que es una buena reflexión.

Juegos de la edad tardía,
Luis Landero (España)

En busca de la igualdad

ÁREA TEMÁTICA: Situación social de la mujer.

APRENDERÁS A: Expresar posesión y pertenencia.
Referirse a procesos incoativos, reincidencia, abandono de una acción.
Expresar números, cantidades y fracciones.

GRAMÁTICA: (Pronombres posesivos) *El mío, la mía, los míos, las mías. Lo mío...*
Empezar a / Dejar de / Volver a.
La mitad, el doble, el triple...
Formación de las palabras mediante la terminación **-or/-ora**.

**ORTOGRAFÍA
Y PRONUNCIACIÓN:** **Gu + e/i.** Valores fonéticos de ***g*** y ***j***.

**VARIANTES USUALES
DEL LENGUAJE:** En la oficina de empleo. Currículo.

TEXTOS: Artículo del periódico *El Tiempo*, Santa Fe de Bogotá, Colombia.

1 Sitúate

1. En grupo:

a) **Leed y analizad estas estadísticas sobre la mujer en España.**

a)	Mujeres universitarias:	año 1982:	323.000
		año 1992:	613.000
b)	Universitarios con estudios terminados:	hombres:	363.000
		mujercs:	508.700
c)	Personas con trabajo:	hombres:	8.094.000
		mujeres:	4.051.000
d)	Personas en paro:	hombres:	1.553.000
		mujeres:	1.494.100

2. **Escucha esta entrevista con Isabel López.**

Isabel López tiene 51 años, está casada, tiene dos hijos y una larga carrera profesional. Es licenciada en Filosofía y Letras y también ha estudiado en La Sorbona y en Cambridge. Actualmente es vicepresidenta de un grupo empresarial.

Pregunta: Muchas mujeres se preguntan ahora si vale la pena estar tan arriba como usted.¿Vale realmente la pena?

Respuesta: Bien. Lo suyo es preguntar y lo mío es responder. Pues ésta es una pregunta sin respuesta. Personalmente, yo estoy satisfecha de haber hecho lo que quería hacer. Pero he tenido que dejar muchas cosas de lado. No lo digo con amargura, pero tengo que decirlo, porque ha sido así. Por ejemplo: mi vida familiar ha sido escasa y mis relaciones personales tampoco han sido abundantes.

P. Alguien ha dicho que la mujer tiene mayores cualidades que el hombre para dirigir. ¿Es cierto?

R. Hombres y mujeres tenemos los mismos instrumentos: nuestra inteligencia. Pero la mujer tiene algunas cualidades que la hacen más adecuada para el trabajo de dirección. Es menos cruel, menos competitiva y se adapta mejor al trabajo en equipo.

P. La mitad de la población son mujeres. La otra mitad son hombres. ¿Están

también así repartidas las funciones en la sociedad?

R. No. Usted mismo puede verlo y constatarlo. Por ejemplo, en España hay solamente 92.600 mujeres que son empresarias, frente a 452.800 hombres empresarios. Es decir, hay cinco veces más empresarios que empresarias. Aunque también hay otras cifras positivas: actualmente hay tantas mujeres universitarias como hombres: de un total de 1.260.000 alumnos, 613.000 son mujeres.

P. ¿Es difícil ser jefa?

R. No especialmente. La mujer está habituada a ser la moderadora de la casa en su vida familiar. De modo que está preparada para ser una buena jefa.

P. ¿Y con los suyos, con su familia?

R. Me defiendo bien. La mía tampoco es una familia problemática, eso es verdad.

P. Y ser jefa de hombres, ¿presenta problemas?

R. No especialmente. El problema se presenta cuando el jefe es un hombre y las mujeres son más inteligentes que él. Pero ése no es mi problema. Quizás sea el de algunos hombres.

3. Lee de nuevo el texto anterior y anota lo que Isabel López considera.

1. Positivo para la mujer:
....
2. Negativo para la mujer:
....
3. En favor de la igualdad hombre-mujer:
....
4. En contra de la igualdad hombre-mujer:
....

4. En parejas:
Revisad el texto de nuevo y anotad todas las palabras que expresen posesión.

Ejemplo: *lo suyo.*

....
....
....
....

APRENDE A APRENDER:

Consulta una gramática de español y comprueba cuántas de las palabras anotadas anteriormente son adjetivos y cuántas pronombres posesivos. Pregunta al profesor, si es necesario.

5. Observa el desdoblamiento de vocales en algunas formas verbales del texto anterior.

Ejemplo: *defiendo* (es una forma del indicativo presente de *defender*).

¿Hay más palabras en el diálogo que tengan igual desdoblamiento de vocales? ¿Conoces algún otro verbo con características similares? Anótalo.

6. a) Explica en español el significado de:

1. vale la pena ....
2. estoy satisfecha ....
3. relaciones personales ....
4. adecuada para ....
5. empresarias ....
6. jefa ....
7. me defiendo bien ....
8. presenta problemas ....

b) **Traduce esas mismas palabras a tu idioma.**

2 ¡Adelante!

1. **Transforma según el modelo.**

- ¿Son tus ideas?
- Sí, son las mías.

1. ¿Es éste tu bolso? ....
2. ¿Son sus maletas (de ella)? ....
3. ¿Es vuestro coche? ....
4. ¿Es nuestro libro de español? ....
5. ¿Es éste vuestro lugar de trabajo? ....
6. ¿Son éstas mis notas? ....
7. ¿Es tu familia? ....
8. ¿Son sus hijos (de ellos)? ....

2. **Completa con frases a modo de respuesta, según el modelo.**

1. - Mi punto de vista es bien conocido.
   - *El mío también.*
2. Mi voto ya está decidido. ....
3. Nuestro problema ya está solucionado. ....
4. Vuestra habitación ya está limpia. ....
5. Tu opinión es correcta. ....
6. Nuestro guía turístico conoce bien la región. ....
7. Nuestro negocio va muy bien. ....
8. Tus regalos ya han llegado. ....

Se dice así

455:	cuatrocientos cincuenta y cinco.
2.892:	dos mil ochocientos noventa y dos.
231.400 ptas.:	doscientas treinta y una mil cuatrocientas pesetas.
2.000.000:	dos millones.
1/2:	la mitad / un medio.
1/4:	un cuarto / una cuarta parte.

El doble = dos veces más (4: doble de 2).
El triple = tres veces más.
Cuádruple = cuatro veces más.
Quíntuple = cinco veces más.

Nota: A partir de *quíntuple* suele usarse *seis*, *siete*, etc., *veces más*.

3. a) **Escribe estas cifras.**

2.345: ....
43.568: ....
137.900: ....
592.854: ....
1.000.000: ....
1.500.000: ....
43.786.723: ....

4º: ....
9º: ....
8º: ....
10ª: ....
1/2: ....
1/3: ....
1/4: ....

b) **Léelas a tu compañero/a.**

4. **Escribe un texto de 5 a 10 líneas explicando este gráfico.**

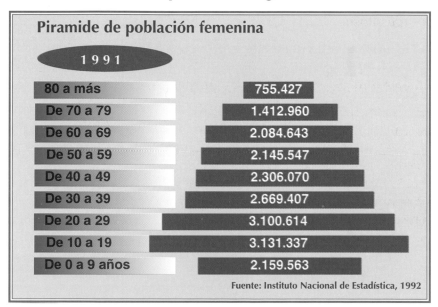

Pirámide de población femenina

1991

80 a más	755.427
De 70 a 79	1.412.960
De 60 a 69	2.084.643
De 50 a 59	2.145.547
De 40 a 49	2.306.070
De 30 a 39	2.669.407
De 20 a 29	3.100.614
De 10 a 19	3.131.337
De 0 a 9 años	2.159.563

Fuente: Instituto Nacional de Estadística, 1992

5. **Completa el texto con los elementos del recuadro.**

a los - ha empezado a - en su contra - menos de - de cerca - ha dejado de
como - poca - más de - en tres años - me tienes - dedicada a

La situación .... cambiar: el 30% de los afiliados a la Asociación de Jóvenes Empresarios (AJE) son mujeres. De este porcentaje, el 2% tiene .... 20 años y el 50% está entre los 20 y los 30. La mujer joven .... ser ya inexperta o aficionada. Tienen muchas cosas ....; la mayoría ha empezado su negocio con préstamos del Banco o con ayuda de la familia. Muchas son hijas de empresarios y conocen .... lo que es una empresa. Pero han recibido .... o ninguna ayuda de sus padres, excepto buenos consejos y apoyo moral.

Aurora tiene 22 años. Comenzó su negocio .... 19. Había trabajado de recepcionista en un hotel. Luego pidió ayudas estatales para fundar una empresa de mensajería. .... ha creado 14 empleos y factura ya más de 40 millones de pesetas. Sara tiene 30 años y es licenciada en Derecho. Creó una empresa para distribuir regalos y este año facturó .... 50 millones de pesetas. "Durante mi carrera trabajé .... guía turístico. Luego me coloqué en una empresa .... preparar regalos. Y ahora aquí ...., con mi propio negocio, con dos empleados en la casa y nueve vendedores por toda España".

Se dice así

Algunos verbos, seguidos de una *preposición + infinitivo* significan que se inicia (*empezar a, volver a*) o acaba un proceso (*dejar de*)

*La situación **ha empezado a** cambiar.*
*La mujer joven **ha dejado de** ser inexperta.*
*Los dolores de cabeza **han vuelto a** empezar*

6. Completa con las formas adecuadas de *empezar a, dejar de, volver a* y explica o justifica la elección de uno u otro verbo.

1. Laura ya .... ser una jovencita.
2. La familia .... estar unida de nuevo.
3. La empresa .... enviar regalos a todos sus empleados.
4. Las mujeres .... ser consideradas iguales que los hombres.
5. Mi amigo .... trabajar el mes pasado.
6. La hija .... hablar a su padre después de dos días sin decir palabra.
7. Uno de los jóvenes del grupo .... tocar la guitarra.
8. Después de descansar durante dos horas .... estudiar con intensidad.

Gramática

Observa

vender > vend-ed-*or/-ora* (= persona que vende)

dirigir > dir-ect-*or/-ora* (= persona que dirige)

7. En grupo:
Formad palabras siguiendo el modelo del recuadro y explicad su significado.

trabajar..
crear..
adaptar..
moderar...
entrevistar..
conducir..
escribir..
hablar..

distribuir ....
dirigir ....
presentar ....
correr ....
comprar ....
comunicar ....
organizar ....
formar ....

1. Escucha atentamente esta entrevista y responde.
a) ¿Quién es entrevistada?
b) ¿Cuál es el tema central de la entrevista?
c) ¿A qué partido político votará la entrevistada?
d) ¿De qué dependerá su voto?
e) ¿Cómo define la entrevistada su voto?
f) ¿Cómo influirá en su voto el hecho de ser mujer?

2. Escucha y completa la entrevista.

Isabel Partierra, actriz de 25 años, famosa y con muchos enamorados de sus películas, responde.

Pregunta: Tus películas te han hecho famosa. ¿Qué es lo que más influirá en ti a la hora de votar por un partido político?

Respuesta: Muchas cosas. .... se refiere al cine. Mi voto dependerá en gran parte .... que cada partido haga respecto al cine.

P. ¿Influirá en ...... voto el hecho de ser mujer?

R. No. Eso es una tontería. .... voto es un voto serio y no depende de si soy hombre o mujer. ¿Y el tuyo?

P. .... también es serio, claro. ¿A qué partido votarás?

R. El voto es secreto, ¿no? Pero todavía no lo he decidido.

P. ¿Y quién crees que .... ganar?

R. Tampoco lo sé, no soy adivina. Es posible que .... un partido de derechas, aunque esto sería una sorpresa.

P. ¿Eres de derechas o de izquierdas?

R. No se pueden limitar las cosas a "izquierdas" y "derechas". Esta división ya no existe o no es clara para la gente.

P. Entonces ¿cómo definirías tu voto?

R. .... será un voto "racional y razonable", ni de derechas, ni de izquierdas, ni de centro.

3. En parejas:
a) Haced cuatro preguntas a Isabel Partierra usando las palabras entre paréntesis.

1. (ir a) ....
2. (empezar a) ....
3. (dejar de) ....
4. (depender de) ....

b) Responded a las preguntas y escribid las respuestas.

c) Leed las preguntas y respuestas a la clase.

4. **Ésta es María Solá. Lee.**

Tiene 19 años, es Leo. Se considera más radical que moderna. Todavía no quiere casarse ni tener hijos. Su mayor responsabilidad es cuidar de sí misma. Dejó la casa de sus padres a los 18 años. Ahora hace lo que le da la gana, aunque tiene una limitación importante: la económica. Da clases de fotografía porque le pagan. Sale a menudo, pero sobre todo va al cine. Le gustaría hacer cine. No le interesa la política; no ha votado nunca. Le interesa la ecología: están destruyendo la Tierra. Hace unos meses presentó un trabajo de fotografía sobre *Grupos de riesgo*. Dice que el mayor riesgo de la sociedad es el aburrimiento, la normalidad y la mediocridad.

5. **En grupo:**

a) **Con los datos anteriores, escribid una entrevista con cinco preguntas.**

b) **Pasad la entrevista a otro grupo.**

6. **Relaciona los términos opuestos de cada columna.**

1. radical	a. seguridad
2. cuidar de	b. irresponsabilidad
3. destruir (la están destruyendo)	c. moderado
4. riesgo	d. libertad
5. aburrimiento	e. descuidar
6. no le da la gana	f. hacer
7. limitación	g. quiere
8. responsabilidad	h. alegría

7. **Pronunciación.**

El sonido [x] puede escribirse con **g** o con **j**.

a) **Escucha y escribe lo que oyes.**

....
....
....

b) **Escucha y comprueba lo que has escrito.**

jóvenes	hija	filología
dijeron	mejor	gente
generoso	gitano	jefa
mujeres	inteligente	lenguaje
trabaje	condujiste	

Nota: Entre otros casos, debe escribirse *j* siempre que el sonido [x] vaya seguido de las vocales *a, o, u* y en las formas verbales irregulares con los sonidos [xe, xi] (como el pretérito indefinido: *dije, trajiste...*).

 de la palabra

Consulta en un diccionario la voz *echar* y sustituye este verbo por el más adecuado, de la lista siguiente.

tirar	arrojar	introducir	salir	despedir	expulsar	dirigir
acostar	hacer	calcular	mover	desbaratar	ir	lanzarse

1. Echó la comida a la basura.
2. El niño echó la carta al buzón.
3. Se echaron todos sobre el enemigo.
4. La chimenea echaba humo.
5. ¿Echamos un partido de baloncesto?
6. La niña está echando los dientes.

7. Echan una buena película en el cine Rex.
8. Echó el brazo hacia atrás.
9. Echaron sus planes por tierra.
10. Echaron calle arriba y los perdí de vista.
11. Han echado a cuatro de la fábrica.
12. ¿Qué edad le echas a la muchacha?

Variantes usuales del lenguaje

Un impreso de contrato de trabajo

en España

CONTRATO DE TRABAJO EN PRACTICAS

Código Contrato

Registro Oficina del INEM

A tiempo completo

A tiempo parcial

...ESA   Nº Inscripción seguridad social (cuenta cotización)   Cod. prov.   Número   Dig. contr.

D.N.I.   En concepto de [1]

...o Razón Social   CIF. NIF.   Actividad económica

...lio Social   Localidad   C. Postal   Nº total trab. en plantilla

...ilio Centro de trabajo   Localidad   C. Postal   Nº trab. centro de trabajo

...BAJADOR/A   NAF88   Nivel de estudios terminados   Código

...a de nacimiento   D.N.I.   Domicilio

...la asistencia legal, en su caso, de D.............
...l nº .... en calidad de [2]............

DECLARAN

Que el trabajador está en posesión de título de [3] .... los estudios correspondientes al mismo o en condiciones de obtenerlo por haber terminado con fecha............ que le capacitan para la práctica profesional objeto de este contrato [4].

Que no han transcurrido cuatro años desde la terminación o convalidación de los estudios, excluido, en su caso, de dicho plazo el tiempo dedicado al Servicio Militar o prestación social sustitutoria [5], cuyo cumplimiento tuvo lugar desde............ hasta............

...) Que el trabajador no ha estado contratado en prácticas en esta u otra empresa por tiempo superior a dos años.

...Que reúnen los requisitos exigidos para la celebración del presente contrato y, en consecuencia, acuerdan formalizarlo con arreglo a ...as siguientes:

CLAUSULAS

Primera.- El trabajador prestará sus servicios como [6]............, en prácticas

1 Director, Gerente, etc.
2 Padre, madre, tutor o persona o institución que lo tenga a su cargo.
3 Diplomado Universitario. Licenciado Universitario, Técnico o Técnico Superior de la correspondiente profesión, o título oficialmente reconocido como equivalente a alguno de los anteriores, especificando título profesional concreto (Licenciado en Derecho, Económicas, etc.).
4 El trabajador deberá entregar al empresario fotocopia compulsada del título, certificación de su solicitud o certificación acreditativa de la terminación de los estudios.
5 Se acreditará con la exhibición de la cartilla militar o documento acreditativo del cumplimiento de la prestación social sustitutoria.
6 Indicar la profesión.

en México

Contrato de prestación de servicios profesionales que celebran por una parte el ILCE, representado en este acto por el señor Licenciado R.C.O., en su carácter de Director de Finanzas y administración y por la otra C. Dra. D.M.C., a quién en lo sucesivo se le denominará "El Profesional", a tenor de las siguientes declaraciones y cláusulas:

DECLARACIONES
1.1. Declara el ILCE que de acuerdo con el convenio de Cooperación suscrito el día 31 de mayo de 1978 por los países latinoamericanos (Bolivia, Colombia...), que entró en vigor el 8 de febrero de 1979, es un Organismo Internacional con autonomía de gestión, con personalidad o personería jurídica y patrimonio propios, al servicio de los países de América Latina y el Caribe, en aquellos campos que le son propios a la Institución. (...)
1.6. Que para cumplir con sus objetivos, es voluntad contratar con El Profesional, en los términos del presente instrumento.

Declara El Profesional
2.1. Llamarse como ha quedado escrito, ser de nacionalidad mexicana, de 45 años de edad, sexo femenino, estado civil casada y tener su domicilio para los efectos legales del presente contrato en......
(...)
2.3. Tener plena capacidad jurídica para contratar y obligarse, así como los suficientes conocimientos, experiencia y capacidad técnica para la ejecución de los servicios especializados en el área que requiere el ILCE y que dispone de los elementos necesarios para realizarlo. (...)

CLÁUSULAS
PRIMERA. El objeto del presente contrato es que El Profesional preste a el ILCE los servicios profesionales consistentes en impartir el módulo IV de la especialidad en tecnología educativa, en la sede del ILCE. Proyecto PROMESUP-OEA, del 23 de septiembre de 1992 al 30 de enero de 1993.
SEGUNDA. El ILCE pagará al Profesional por concepto de honorarios profesionales, la cantidad de $7'700,000.00 (siete millones setecientos mil pesos), más el correspondiente impuesto al Valor Agregado y previa retención del porcentaje correspondiente al Impuesto sobre la Renta, por los servicios aquí pactados. Esta cantidad será cubierta mediante 4 pagos de $1'925,000.00. El último pago se hará contra la presentación del informe. (...)
Las partes, enteradas del contenido y alcance legal de todas y cada una de las cláusulas del presente contrato, lo firmaran por triplicado en la ciudad de México, Distrito Federal, a los 23 días del mes de septiembre de mil novecientos noventa y dos, ante los testigos que dan fe.

El ILCE

El Profesional

Siempre he tenido una gran curiosidad de saber por qué la ley fija la edad de jubilación más tarde para el hombre que para la mujer. Por ejemplo, según la legislación vigente, en Colombia el hombre se jubila a los 60 años y la mujer a los 55. El proyecto de ley que se cursa en el Congreso propone jubilar al hombre a los 62 años y a la mujer a los 60.

Que el hombre se jubile más viejo que la mujer es antinatural, discriminatorio y, quizá, inconstitucional. Debería ser al revés, porque la mujer vive más tiempo que el hombre. En Colombia, la expectativa de años de vida al nacer es de 72 años para la mujer y 66 para el hombre. A nivel mundial, la expectativa de vida promedio de todos los países es de 66 años para la mujer y de 64 para el hombre. En los países en desarrollo es de 66 años para la mujer y de 63 años para el hombre. Esta diferencia parece acentuarse con el crecimiento económico, ya que en los países desarrollados la expectativa de vida al nacer es de 80 años para la mujer y de 73 años para el hombre, siete años de diferencia.

LOS TEXTOS TEXTOS TEXTOS T

La diferencia se mantiene a medida que aumentan las edades, aunque va disminuyendo. Por ejemplo, para una mujer colombiana de 62 años de edad, la expectativa es que viva veinte años más, mientras que para un hombre de la misma edad la expectativa es que viva dieciocho años más.

Tampoco se puede justificar la temprana jubilación femenina con argumentos de maternidad, ni de que trabajan más o menos. Durante su licencia, tanto la mujer como su patrono continúan cotizando al seguro, de manera que no es razón para modificar la edad de jubilación. Además, en varios países, incluido México, no hay diferencia en las edades de jubilación entre hombres y mujeres.

En Colombia hay actualmente cerca de 85.000 niños más que niñas, en edad preescolar. Pero ya entre la población mayor de 60 años hay cerca de 185.000 más mujeres que hombres, o sea, 17% más mujeres que hombres, una cifra considerable. Se propone, en consecuencia, que las edades de jubilación sean intercambiadas, de manera que la mujer se jubile a los 62 años y el hombre a los 60.

Extracto del diario *El Tiempo*, de Santa Fe de Bogotá, Colombia (5 de septiembre de 1993)

De ahí que...

ÁREA TEMÁTICA:	Situaciones y relatos.
APRENDERÁS A:	Comprender el relato, expresar razones y causas. Expresar reflexividad e impersonalidad. Usar la voz pasiva.
GRAMÁTICA:	Algunos conectores del discurso (*pero, porque, ya que, de ahí que, en consecuencia, debido* a). Valores y usos de **se** (impersonal). La voz pasiva.
ORTOGRAFÍA Y PRONUNCIACIÓN:	Diferentes acentos hispanos.
VARIANTES USUALES DEL LENGUAJE:	Frases y clichés para calificar a las personas.
TEXTOS:	Artículo de *Un mundo sin Colón*, de G. Cabrera Infante.

1 Sitúate

1. Consulta una enciclopedia, infórmate sobre Nicaragua y completa estos datos.

1. Extensión: ....
2. Población: ....
3. Países con los que limita: ....
4. Océanos y costas: ....
5. Historia de la nación desde la independencia (1825): ....
   ....
6. Riqueza (agricultura, minería): ....
   ....
7. Razas: ....

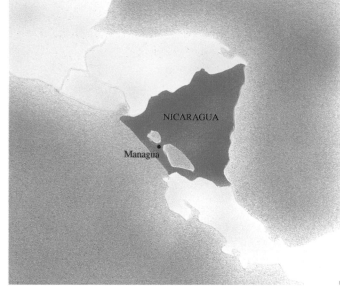

2. Escucha y lee.

"Una raza épica y lírica, una raza descendiente de indios soberbios", escribía Rubén Darío, refiriéndose a Nicaragua y sus habitantes. Con casi 150.000 km², este país de tierras fértiles se encuentra de nuevo, a mitad de la década de los 90, en estado de casi anarquía política y ruina económica. Ya han desaparecido los bloques militares en el mundo; de ahí que Nicaragua no esté en los titulares de los periódicos. No hay una superpotencia que envíe ayuda y armas o alimente la revolución permanente; por lo tanto la guerrilla se acabó. Estados Unidos no ayuda ni financia a la "Contra", ya que no existe guerrilla ni hay comunistas que combatir... Nicaragua está, una vez más, olvidada en un pequeño lugar del planeta, abandonada a su suerte. Debido a ese abandono y olvido, el país se enfrenta él sólo a

su propio destino. Porque ahora sus habitantes ya no tienen que luchar contra nadie, ni organizar planes de defensa, ni gastar millones de dólares en armas. Ahora los dirigentes deben preocuparse "solamente" de mejorar la vida de los cuatro millones de habitantes que viven en un espacio relativamente amplio. Realmente ésta debería ser la tarea de todos los gobernantes. El resultado hasta el momento ha sido bastante pobre en Nicaragua.

Después de dos dictaduras y más de 100.000 muertos en guerra civil, crece de nuevo el enfrentamiento ideológico, al mismo tiempo que aumenta la pobreza. Los diez años de sandinismo han dejado poca riqueza al país, aunque parece ser que muchas personas se han aprovechado de esos diez años para acumular alguna riqueza que antes no tenían. Se dice que en los últimos meses del sandinismo, los sandinistas se repartieron entre 1.000 y 5.000 millones de dólares en propiedades (casas, tierras, fincas...). En parte por esa razón, existen todavía envidias y venganzas pendientes. Se necesita una reconciliación nacional. Pero muchos piden que antes se haga justicia con quienes no cumplieron la ley, sean o no sandinistas. Probablemente los nicaragüenses, como todos los seres humanos que forman una sociedad, tengan que ponerse de acuerdo para mejorar sus condiciones de vida, pero sólo lo lograrán si llegan a respetarse entre sí.

3. **Escucha de nuevo y responde.**

1. ¿Cómo describirías la situación general de Nicaragua actualmente?
2. ¿Por qué ya no se habla de Nicaragua en la prensa internacional?
3. ¿De qué tienen que ocuparse los nicaragüenses en la década de los noventa?
4. ¿De qué se acusa a los sandinistas?
5. ¿Por qué algunos piden que se haga justicia?
6. ¿Qué han producido las dos últimas dictaduras en Nicaragua?

4. **En grupos:**

a) **Leed el texto una vez más y anotad los "males" y problemas de Nicaragua.**

....
....
....

b) **Debéis sugerir soluciones a estos problemas. Anotad vuestras soluciones.**

....
....
....

Gramática

Usos y valores de *se*

1. **Delante del verbo, puede tener valor reflexivo (= referido a la misma persona representada por el sujeto de la oración), valor gramatical o pronominal, valor recíproco o de sustituto nominal. Con estas funciones *se* es invariable:**

   Muchas personas **se han aprovechado** *de los diez años de sandinismo.*
   La guerrilla **se acabó**.
   Los sandinistas **se repartieron** *1.000 millones de dólares.*

2. **Delante del verbo, puede también tener valor impersonal (siempre delante de un verbo en tercera persona del singular):**

   Se dice *que en los últimos meses.*
   Muchos piden que antes **se haga** *justicia...*

3. **La partícula *se* puede también ponerse después del verbo (en infinitivo o gerundio) y estar unida a él:**

   ... pero sólo si llegan a **respetarse** *entre sí.*
   Escribía Rubén Darío, **refiriéndose** *a Nicaragua.*

APRENDE A APRENDER:

Comparad el valor y significado de *se* en español con las formas equivalentes en vuestra lengua.

5. **En parejas:**

a) **Revisad el texto sobre Nicaragua y subrayad todas las frases donde haya un verbo precedido de *se* o con *se* pospuesto.**

b) **Explicad el significado de esas frases.**

c) **Traducidlas a vuestro idioma.**

6. **En parejas:**

a) **Escribid en vuestro idioma cinco frases sobre lo que la gente dice o piensa de los países centroamericanos.**

b) **Traducidlas al español.**

c) **Leedlas a la clase y corregidlas con la participación de todos.**

2 ¡Adelante!

1. Expresa lo mismo, pero de manera impersonal, con se.

1. En Marruecos no hablan español. — *En Marruecos no se habla español.*
2. Probablemente convocarán elecciones en enero. ....
3. Publican mucho en la actualidad. ....
4. En esta tienda necesitan un empleado. ....
5. Buscan al hijo menor. ....
6. Oyen cantar una canción. ....
7. Debes avisar a la policía. ....
8. En esta tienda no arreglamos bicicletas. ....

2. Transforma según el modelo.

- *La riqueza mejorará el nivel de vida.*
- *Con la riqueza se mejorará el nivel de vida.*

1. Esta situación no arreglará las cosas. ....
2. Este peinado mejora la personalidad. ....
3. Esta información ayudará a la policía. ....
4. Tu presencia pondrá fin a la discusión. ....
5. Las fotos comprobarán tu inocencia. ....
6. Este cantante famoso convencerá a mucha gente. ....
7. El agua salvó a la expedición. ....
8. La llegada de los extranjeros complicó la situación. ....

3. Relaciona los elementos de cada columna.

1. de nuevo
2. se enfrenta a
3. acumular
4. ponerse de acuerdo
5. estar al acecho
6. convertirse en
7. se enteró
8. se parece a

a) se asemeja a
b) transformarse en
c) una vez más
d) se dio cuenta
e) amontonar
f) afronta
g) entenderse
h) observar atentamente y con cautela

4. Completa las frases con se cuando sea necesario.

1. La noticia .... publicará en los próximos meses.
2. El tribunal .... comprobará las afirmaciones del acusado.
3. Últimamente .... construyen muchas casas en la costa.
4. En este restaurante siempre .... sirve buena carne.
5. En la actualidad .... vive muy bien en esta ciudad.
6. Todos .... buscan la manera de bajar los precios.
7. Para este trabajo .... exige mucha experiencia.
8. En la selva virgen .... puede observar la vida al natural.

5. **Escucha y subraya en el texto lo que no coincide con lo que oyes.**

Entrar en la selva peruana es duro, pero interesante. Lo más difícil no es remar en una canoa, a no más de ocho kilómetros por hora; lo peor son los mosquitos y el calor. La selva es tan grande, tan solitaria que es posible que pase una semana sin encontrar a ningún ser humano. En la selva virgen se puede observar la vida de la naturaleza con toda su fuerza: se pueden sorprender monos, pájaros, serpientes, caimanes... Y si alguien no tiene cuidado, algunos animales pueden sorprenderle y matarle. En esta selva es difícil morirse de sed (hay fuentes y ríos en abundancia), pero uno puede fácilmente morirse de hambre. En la expedición de Humboldt (1759), los hombres llegaron a pasar tanta hambre que tuvieron que comer hormigas y cacao seco para sobrevivir. Cazar es difícil: es preciso hacerlo de noche y hay que conocer muy bien la zona. Si se desea pescar, se debe tener en cuenta que las pirañas están al acecho para cortar el hilo y comerse el cebo.

6. **Busca en el texto las palabras que corresponden a estas definiciones.**

1. Terreno extenso y con mucha vegetación.
2. Hacer que una embarcación se deslice por el agua con la ayuda de un instrumento.
3. Gana y necesidad de beber.
4. Encontrar a alguien desprevenido.
5. Superar algo (un hecho desafortunado, una enfermedad, etc.) con vida.
6. No usado/a o cultivado/a.
7. Dejar de existir un ser vivo.
8. Espacio limitado, de mayor o menor extensión.

Se dice así **Frases equivalentes en cuanto a la impersonalidad**

- *Y si **uno** no tiene cuidado...*
  *Y si no **se** tiene cuidado...*
- *Pero **uno** puede fácilmente morir(se) de hambre...*
  *Pero **se** puede fácilmente morir de hambre...*

7. **Completa estas oraciones.**

1. Para llegar pronto se necesita ....
2. Para ser el primero en clase, uno ....
3. Si uno quiere conocer la selva, se ....
4. Para pasarlo bien uno tiene ....
5. En la selva hay poca comida. De ahí que ....
6. En la selva no encontraban comida, de ahí que ....
7. Cazar era difícil, por esa razón ....
8. Uno debe ser fuerte para ....

3 En marcha

1. Explica sobre este mapa los viajes de Hernán Cortés a través de México.

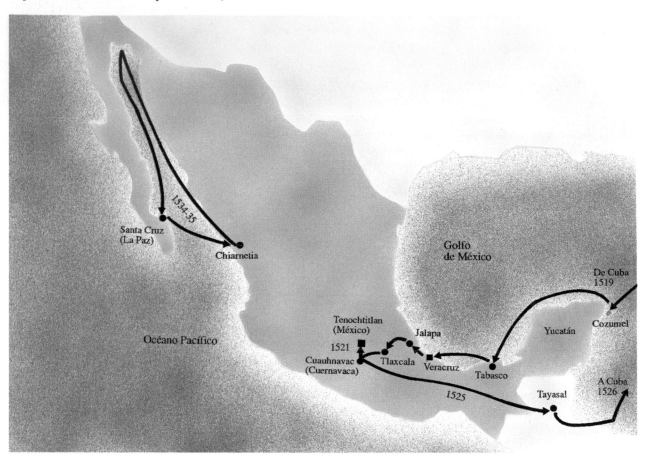

2. Escucha y señala en el mapa adjunto los lugares mencionados en el siguiente relato.

Todo empezó en 1511: unos 20 hombres, españoles todos, se salvaron de un naufragio, cerca de la hoy llamada Isla de las Mujeres, en la península de Yucatán (México). Los supervivientes fueron hechos prisioneros por un cacique de la isla y cuatro de ellos fueron ofrecidos a los dioses; los demás fueron encerrados para que engordasen y más tarde fuesen también ofrecidos a los dioses. Dos de ellos escaparon hacia el sur y se convirtieron en esclavos de otros caciques. Se conocen pocos detalles de lo que ocurrió en realidad. En 1519 Hernán Cortés se enteró de que algunos españoles vivían con los indígenas en las tierras que él quería conquistar. Les mandó una carta para que se unieran a él. Uno de esos españoles, de nombre Gonzalo Guerrero, que vivía en Chetumal, se negó a unirse a Cortés. Y explicaba así sus razones: "Yo soy casado y tengo tres hijos. Soy cacique y capitán de la tribu cuando hay guerras. Tengo mi cara pintada y llevo anillas en mis orejas. ¿Qué dirían de mí los españoles si me ven en estas condiciones?". Según los cronistas de la época, este español fue quien animó a los indígenas a combatir contra los españoles. Los capitanes españoles intentaron varias veces entrar en la región donde estaba Gonzalo Guerrero, a quien llamaban "renegado". Pero éste les engañó de varias maneras, porque conocía la estrategia de los conquistadores. En 1536, un cronista escribió que durante un combate entre españoles e indígenas había muerto un cristiano español que vivía con los indios en la provincia de Yucatán. Este español muerto "estaba desnudo, su cuerpo estaba pintado y parecía un indio". Era el "renegado" Gonzalo Guerrero.

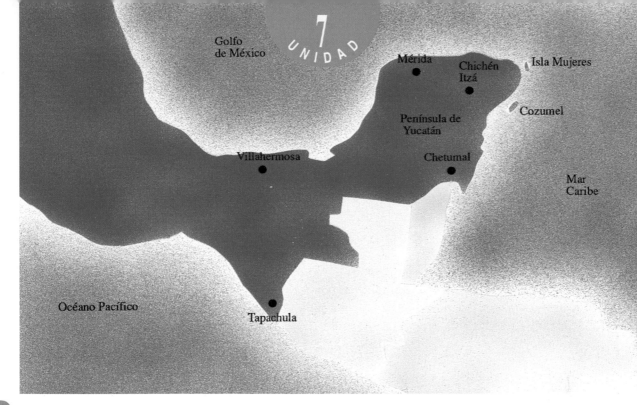

3. **En grupos:**
Elegid el título que consideráis más adecuado para el texto anterior y explicad por qué.

- De conquistador a cacique.
- La historia de un naufragio.
- El amigo de los indios.
- El primer defensor de los indios.

4. **Completa cada una de estas frases con información del texto anterior.**

1. En 1511 ....
2. Dos de los náufragos ....
3. Se cuenta que uno de los españoles, Gonzalo Guerrero, ...
4. "Ahora soy cacique y por lo tanto ....", dijo G. Guerrero.
5. G. Guerrero conocía la estrategia de los conquistadores; de ahí que ....
6. No se sabe mucho de ....
7. Según los cronistas, ...
8. Hernán Cortés envió una carta a ....

Gramática

Voz pasiva

El español forma la voz pasiva con el verbo *ser* y el participio pasado del verbo correspondiente:

- *Los supervivientes **fueron hechos** prisioneros.*
*Cuatro de ellos **fueron ofrecidos** a los dioses.*

5. **Decidlo en voz pasiva.**

1. El grupo visitó el Amazonas.
   - *El Amazonas fue visitado por el grupo.*
2. Hicieron prisioneros a los náufragos.
   - ....
3. Informaron de los hechos a Hernán Cortés.
   - ....
4. Los indios, al mando de Guerrero, vencieron a los españoles.
   - ....
5. Una serpiente mordió y mató al jefe de la expedición.
   - ....
6. Transmitieron muchas enfermedades a los indios.
   - ....
7. Solicitaron perdón para los vencidos.
   - ....
8. Sorprendieron al enemigo en la selva.
   - ....

6. **En parejas:**
Anotad algunas razones:

a) **¿Por qué el español Guerrero era apreciado por los indios?**

b) **¿Por qué era odiado por los españoles?**

c) **Leed y explicad esas razones a la clase.**

7. **Pronunciación.**

Entre los hablantes de español existen varios acentos en la manera de hablar. Presta atención a:
- **la entonación, en general.**
- **la presencia o ausencia del sonido [θ].**
- **la aspiración o no de *h* inicial.**
- **el valor, más o menos fuerte, del sonido [x] (ge, gi, j).**

a) **Escucha y anota cuántas variedades o acentos eres capaz de distinguir.**

b) **Ahora escucha, lee y comprueba tus respuestas y explica por qué diferencias un acento de otro.**

Sin Colón, nadie comería patatas. Ni habría habido hambre en Irlanda en el siglo XIX por el fracaso de la cosecha de patatas y ningún irlandés habría emigrado a los Estados Unidos, que nunca existieron. Habría café, pero no habría chocolate. No habría carros, ni guaguas, ni cristianismo, ni socialismo. Sin Colón no habría habido América y los indígenas no se llamarían hispanos, un nombre que no entienden, en un idioma que no hablan. No existirían ni Venezuela ni su petróleo, ni Castro, ni el canal de Panamá. Casi no habría cine, porque no habría Hollywood.

En busca de la palabra

Con la ayuda de un diccionario, relaciona cada expresión con su significado.

1. A mano (*¿Tienes un bolígrafo a mano?*).
2. Al alcance de la mano (*Tuvo el puesto de trabajo al alcance de la mano*).
3. Con las manos en la masa (*Pillaron a los ladrones con las manos en la masa*).
4. Con las manos vacías (*El pobre hombre volvió con las manos vacías*).
5. De mano en mano (*Este manuscrito ha llegado hasta nosotros de mano en mano a través de los siglos*).
6. Echar mano (de...) (*Tuve que echar mano de mis ahorros para pagarle*).
7. Lavarse las manos (*Pilatos se lavó las manos y entregó al acusado a los romanos*).
8. Tener buena/mala mano (*Tiene buena mano para el juego*).
9. Traer entre manos *(Nunca sé lo que trae entre manos este hombre)*.
10. Tener manos libres (*Ya puedes hacer lo que quieras: tienes las manos libres*).

a) Con posibilidades de obtener lo expresado.

b) En lugar accesible.

c) Tener libertad para actuar.

d) Haciendo algo que se quiere ocultar.

e) Hacer, pensar, tramar... (algo).

f) Desentenderse de algo.

g) Pasando de una persona a otra.

h) Sin nada.

i) Acudir a algo o a alguien en busca de ayuda.

j) Tener capacidad para influir en algo.

Variantes usuales del lenguaje

Lo que se puede y suele decir a las personas y de las personas.

En España	En Venezuela
¡Qué guapa estás hoy! ⟷	*¡Qué buena moza estás hoy!*
Hoy estás muy alegre. ⟷	*Se te ve muy contenta.*
Te veo muy triste. ⟷	*Tú como que estás tristona.*
¿Tienes algún problema? ⟷	*¿A ti como que te pasa algo?*
De ti me puedo fiar. ⟷	*Puedo confiar en ti.*
Uno no puede fiarse de cualquiera. ⟷	*Uno no puede confiar en cualquiera.*
Es persona seria. ⟷	*Es un/una tipo/a serio/a.*
Parece que está enfadado/a. ⟷	*Ese/a como que está bravo/a.*
No tiene sentido del humor. ⟷	*No tiene sentido del humor.*
¡Qué simpático/a! ⟷	*¡Qué simpático/a!*
Todo le sienta bien. ⟷	*Todo le queda bien.*
Tiene un cuerpo perfecto. ⟷	*Parece una miss (en chicas). Tiene un cuerpazo.*
El vestido le queda muy bien ⟷	*El vestido le queda cheverísimo / de película.*
La chaqueta le queda mal. ⟷	*La chaqueta le queda espantosa.*
Es una persona muy divertida/aburrida. ⟷	*Es una persona cheverísima.*

Una hipótesis tiene siempre la consistencia de un sueño. Pero, de veras, ¿se imaginan ustedes un mundo sin Cristóbal Colón?

Vamos a imaginar que el motín en el barco *Santa María*, el día 3 de octubre de 1492, hizo efecto de veras el día 6, sólo seis días antes del descubrimiento. Alonso Pinzón, en vez de apoyar a su almirante, vino a la nave capitana a sumarse a la sublevación. Colón, en medio de la traición, increpa a los amotinados y les echa en cara su deslealtad, al no respetar su juramento de lealtad cuando salieron de Palos. Ahora Colón invoca las capitulaciones de Santa Fe y la confianza puesta en él por sus majestades católicas. Luego hace un último ruego a que desistan: "Si no lo hacen por el rey, háganlo por la reina". Fatum O'Nihil, el único marinero irlandés a bordo, inquiere: "Isabella? What about queen Isabella?". Pero Colón no puede responderle. No porque no sepa inglés, sino

porque en ese momento es levantado en hombros, como un torero en triunfo. Colón es echado de cabeza al mar. Colón dura poco entre las ondas: Colón, señoras y señores, ¡no sabía nadar! Instantes después de hundirse por tercera vez (que es la última), Christoforo Colombo, natural de Génova, Italia, de edad dudosa y de oficio descubridor, desaparece para siempre de la faz de la tierra.

La nao capitana, ya sin capitán, tuerce el rumbo y, seguida siempre por la *Pinta* y la *Niña,* endereza el timón de vuelta a las islas Canarias y finalmente a España.

Como Colón no descubrió América, no habrá América. Ese usurpador italiano, Amerigo Vespucci, no vendrá nunca a América y no escribirá sus *Quatuor Americi navigationes*, ni insistirá en que el hemisferio sur se llame "ab Amerigo". El propio Vespucci no escribirá sus cartas de América porque no habrá una Casa de Contratación de Indias para contratarlo, ni pasará al servicio de Portugal para no descubrir Río de Janeiro. Todo el inmenso Brasil no quedará en manos portuguesas.

Mientras tanto, el padre Bartolomé de las Casas no habría copiado el *Diario de a bordo* de Colón, que un Pinzón habría destruido por ser evidencia del motín y del asesinato. Así, el buen padre no habría descrito los bosques de Cuba: "por encima de ellos y de rama en rama una ardilla podría recorrer la isla de un extremo a otro", entre otras cosas porque en Cuba no había ardillas. Además, la isla entera no existiría al no estar en los mapas de la época.

Un mundo sin Colón, G. Cabrera Infante,
Diario *El País*, del 27 de febrero de 1992. Madrid (España)

Vayas donde vayas asegura siempre tus pasos.

¡Respeta las señales de tráfico!

ÁREA TEMÁTICA: Consejos e instrucciones.

APRENDERÁS A: Comprender e interpretar instrucciones, consejos, normas relativas a la vida social, manejo de aparatos, etc.
Leer e interpretar información pública.

GRAMÁTICA: Imperativo.
(*Le/Te/Os*) aconsejo que; debe usted; tiene usted que...
Régimen preposicional de algunos verbos.
Saber y *conocer*.

**ORTOGRAFÍA Y
PRONUNCIACIÓN:** Reglas de grafía para **b** y **v**.

**VARIANTES USUALES
DEL LENGUAJE:** Lenguaje de anuncios.

TEXTOS: Extracto de *El Hombre que lo tenía Todo, Todo, Todo*, de Miguel Ángel Asturias.

Sitúate

1. **En parejas:**
Relacionad cada dibujo con el texto que corresponda.

Tu salud en la playa:

1. Cuidado con el agua que bebes. Asegúrate de que es potable.

2. La playa es de todos. No la ensucies. No tires en ella ningún objeto, especialmente cristales.

3. Cuidado con el sol. Tómalo poco a poco. Evitarás quemaduras.

4. No camines descalzo. Evitarás accidentes.

5. Respeta las señales de peligrosidad del mar. Vigila a los niños en esos días especiales.

6. No lleves a los animales domésticos a las playas. Pueden suponer un riesgo sanitario.

7. Acampa siempre en lugares autorizados y con las debidas instalaciones sanitarias.

8. La salud es un problema de todos. Colabora con tus vecinos y con tu Ayuntamiento para protegerla.

2. **Escucha de nuevo estos consejos y escribe el número del dibujo al que corresponde cada uno.**

a) .....   b) .....   c) .....   d) .....   e) .....   f) .....   g) .....   h) .....

3. **a)** **Escribe cada uno de los consejos anteriores de manera diferente, usando el imperativo.**

Ejemplo: 1. *No bebas cualquier agua / Bebe siempre agua potable.*

b) **Lee *tus* consejos a la clase.**

Gramática

Para dar instrucciones en forma

afirmativa (imperativo)	negativa (no + subjuntivo)
Bebe agua potable.	*No bebas agua.*
Camina descalzo.	*No camines descalzo.*

Observa que para dar un consejo o instrucción en forma negativa es preciso usar el subjuntivo.

4. **¿Qué prohíben o aconsejan estos letreros y anuncios?**

- Aconsejan beber agua potable / que no bebas agua potable.
- Prohíben (que) ....

5. a) Busca y escribe seis prohibiciones habituales en tu ciudad o región. Escríbelas en tu idioma.

b) Tradúcelas al español.

c) Léelas a tu compañero/a y comprobad ambos/as si la traducción es correcta.

6. Escribe un consejo, prohibición o mandato para cada uno de los siguientes casos.

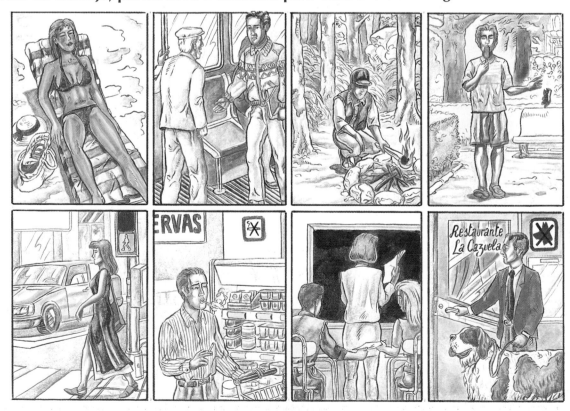

2 ¡Adelante!

1. Transforma según el modelo.

- Tienes que hacer deporte.
- *Haz deporte.*

1. Tenéis que hacer la compra. - ....
2. Tenemos que ahorrar más. - ....
3. Tienen que viajar en tren a Extremadura. - ....
4. Tenemos que comprar un abrigo de piel. - ....
5. Tenéis que sacar dinero del Cajero Automático. - ....
6. Tenemos que comprar en el supermercado. - ....
7. Tienes que aprovechar las ofertas y las rebajas. - ....
8. Tenemos que usar menos el coche. - ....

2. Da consejos.

1. Gasto mucho.
   - *Conviene que no gastes mucho.*
2. Hablas demasiado por teléfono.
3. Consumís mucha electricidad.
4. Conduces muy deprisa.
5. Coméis muchos dulces.
6. Viajo mucho en avión.
7. Veo mucha televisión.
8. Gastas mucho papel.

3. Haz frases con *no debes, no has de.*

1. No hagas fotos.
   - *No debes hacer fotos/No has de hacer fotos.*
2. No bebas si conduces.
3. No os bañéis en agua contaminada.
4. No bebas tanta agua.
5. No acampes en lugar prohibido.
6. No tires la ropa usada.
7. No fuméis.
8. No regales objetos de marfil.

4. Lee y observa los dibujos. ¿Cuáles están de acuerdo con los consejos expresados en el texto y cuáles no?

En invierno las facturas de electricidad, agua, gas e incluso teléfono suelen aumentar. Los electrodomésticos son los que más luz consumen. Eche una ojeada a la temperatura del frigorífico y ajústela mejor a la temperatura ambiente. Para lavar utilice programas económicos; así ahorrará agua. Vuelva a cocinar en su horno de gas; es más barato que el microondas. Si puede usted hacerlo, cambie sus bombillas normales por tubos fluorescentes o halógenos: consumen menos energía y, por tanto, gastan menos y salen más baratos. Si tiene calefacción eléctrica, saque ventaja de la tarifa nocturna: el coste de la electricidad es un 50% más bajo. No se olvide tampoco de aislar mejor las ventanas y puertas. Controle también el termostato en cada habitación; no es necesario mantener la temperatura muy alta. Ponga alfombras en la casa: el ambiente será más agradable y acogedor y el suelo no será tan frío.

En cuanto al teléfono, comience por deshacerse de los supletorios y organice sus llamadas: para llamar dentro del país, la hora más aconsejable es a partir de las 22 horas: el precio se reduce en un 70%. Las llamadas urgentes hágalas después de las 17 horas. Será útil que alguna vez utilice las cabinas públicas. Así controlará su dinero más eficazmente.

5. **En parejas:**
Leed el texto anterior y resumidlo en unas pocas instrucciones o consejos.

....
....
....

Se dice así

Observa que algunos verbos siempre van unidos a determinadas preposiciones:

*Asegúrate **de** que la llave del gas está cerrada.*
*Saque ventaja **de** la tarifa nocturna.*
*No se olvide **de** bajar el termostato.*
*Colabora **con** tus vecinos.*

6. **Pon la preposición adecuada en cada caso.**

a - de - en - con

1. Comience .... revisar su economía familiar.
2. Siempre dice que viene .... ver a sus amigas.
3. Depende .... lo que digan tus padres.
4. Conviene que no te olvides ... tus hermanos.
5. Me gusta compartir las cosas ... los amigos.
6. No nos damos cuenta .... la gravedad del problema.
7. La hija todavía no se ha olvidado .... su accidente.
8. La suciedad y la contaminación se concentran .... la parte alta de la ciudad.

7. **En parejas:**
Completad las frases siguientes.

1. Te aconsejo que en clase ....
2. Ella no está segura, pero le aconsejan que ....
3. Está enfermo y debe ....
4. En la playa tienes que ....
5. Si vas a la montaña, debes ....
6. Si viajan en avión, les aconsejo que ....
7. Es todavía muy joven para viajar solo y debe ....
8. Si hace demasiado calor en la casa, te aconsejo que ....

3. En marcha

1. Escucha y anota a qué aparato se refiere el texto que oyes.

a) Vídeo ☐
b) Teléfono ☐
c) Magnetofón ☐
d) Ordenador ☐

2. Escucha, lee y anota a qué dibujos no hace referencia el texto.

Marcar los números de teléfono en el *Regata 1000* es una operación sencilla y se realiza como en cualquier otro aparato telefónico.

1   Descuelgue el aparato y espere el tono de marcar.
2   Si es necesario acceder a la línea exterior, marque el código (a menudo es el 0) y espere el tono de marcar.
3   Marque el número deseado (por ejemplo 13 95 78).
4   Si el número del abonado a quien llama está ocupado o no contesta, puede usted hacer uso de la repetición de llamada.

Repetición de llamada.

Su teléfono siempre recuerda el último número que fue marcado manualmente. Ésta es una prestación adicional.

Si en la última llamada que usted hizo, el abonado comunicaba o no contestaba y usted quiere repetir la llamada, no tiene que volver a marcar todos los números, sino proceder como sigue:

a.   Descuelgue el aparato o presione la tecla de altavoz.
b.   Si se requiere línea externa, marque el código de acceso.
c.   Pulse el botón de repetición de llamada dos veces. El Regata 1000 marcará el número de teléfono por usted.

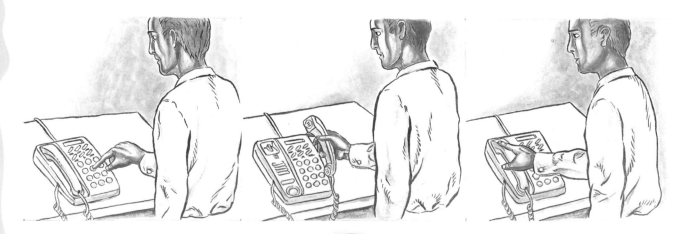

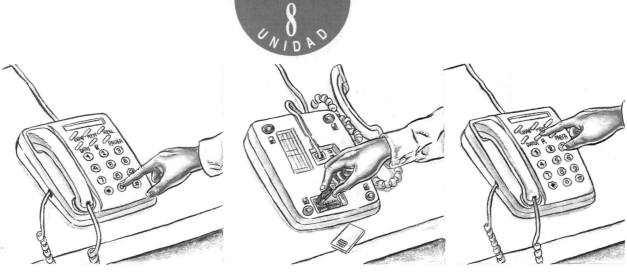

3. En parejas:
Revisad el texto anterior y escribidlo de nuevo substituyendo los imperativos por *tener que, deber* o *haber de.*

Ejemplo: *1. Debe usted descolgar el aparato y esperar...*

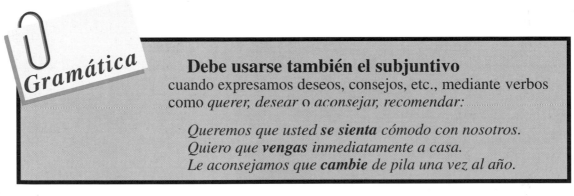

Gramática

Debe usarse también el subjuntivo
cuando expresamos deseos, consejos, etc., mediante verbos como *querer, desear* o *aconsejar, recomendar:*

*Queremos que usted **se sienta** cómodo con nosotros.*
*Quiero que **vengas** inmediatamente a casa.*
*Le aconsejamos que **cambie** de pila una vez al año.*

4. ¿Qué quiere, desea o aconseja la Compañía de Gas? Escribe una frase que resuma tales deseos o consejos.

1. No permita que los niños jueguen con los aparatos que funcionan con gas.
   - *La Compañía de Gas desea/quiere que ....*
2. No deje fuegos encendidos si no los utiliza.
3. Utilice solamente el agua caliente que necesite.
4. ¿Un aparato de gas no funciona correctamente? Llame a la Compañía de Gas.
5. Cierre siempre los mandos de sus aparatos de gas.
6. El agua debe hervir con poco fuego para evitar derrames.
7. No conecte hilos de electricidad a los tubos de gas.
8. Programe los termostatos de su casa a unos 20º C.

5. En parejas:
Buscad en el texto del ejercicio 2 las palabras que corresponden a estas definiciones.

1. Pulsar las teclas o botones correspondientes a una secuencia de números.
2. Tener entrada o acceso a un lugar o situación.
3. Bajar algo o desprenderlo del lugar en que estaba.
4. Aparato receptor del sonido.
5. Que tiene acceso a servicios por los cuales paga una cantidad.
6. Conjunto de números necesarios para tener acceso a la línea telefónica.
7. Pieza que permite poner en marcha o parar un mecanismo.
8. Presionar (con la yema de los dedos).

Saber y *conocer* son dos verbos que comparten gran parte de su significado. Pero el uso no admite siempre uno u otro, indistintamente:

Sabemos lo que pasa en el mundo. / Conocemos lo que pasa en el mundo.
Conoce su oficio. / Sabe su oficio.

Saber:
- tener información o conocimiento de algo, especialmente datos:
  Laura sabe muchas matemáticas.
  Luis sabe dónde está esa ciudad.
- tener aptitud y habilidad para hacer algo:
  Laura sabe tocar el piano.
- tener algo sabor a:
  Esta comida sabe a pescado.

Conocer:
- tener conocimiento de cosas o personas por haberlas visto, oído, estudiado:
  Conozco Sevilla / a tu hermana Isabel.
  Conoce bien esa materia / ese libro.

6. Completa con *saber* o *conocer*.

1. Carmen está muy bien informada y, además, ... a todas las participantes del concurso.
2. Está delgado porque vive solo y no .... cocinar.
3. ¿...... nadar?
4. Los niños siempre ..... a sus madres.
5. Ricardo .... muy bien a esa familia.
6. Los caramelos que me compraste .... menta.
7. ¿ .... tu mujer que nos ha tocado la lotería?
8. Acaba de empezar en la universidad y aún no .... bien a sus profesores.

7. Pronunciación.

La *b* y la *v* se pronuncian de igual manera. Por esa razón es muy común que se cometan errores ortográficos al escribir palabras con estos sonidos. Éstas son algunas reglas básicas en el uso de *b* o *v*:

a. Se escriben con *v*, entre otros casos:
- los pretéritos de indefinido de los verbos acabados en -*uve* y sus derivados: *anduve, tuvieron*, etc. (se exceptúa *haber* y sus derivados).
- las palabras que empiezan por *ad-*, cuando sigue el sonido [b]: *adversario, advenedizo*.
- las palabras acabadas en -*ava, -avo, -ave, -eva, -eve, -evo, -ivo*: *octavo, nocivo*.
- las palabras que acaban en -*ívoro, -ívora* (con sus correspondientes femeninos y plurales): *carnívoro, insectívora*.

b. Se escriben con *b*, entre otros casos:
- las terminaciones del imperfecto de indicativo (en -*aba, -abas*, etc.): *terminaba, acababas*.
- las palabras que empiezan con *bi-, bis-, biz-*: *bisabuelo, biznieto*.
- las palabras acabadas en -*bundo/a, -bilidad*: *meditabundo, amabilidad*.
- cuando el sonido [b] va seguido de otra consonante (*r, l*): *blanco, broma*.

8 UNIDAD

En busca de la palabra

Con la ayuda de un diccionario, busca las palabras opuestas a:

quitar ....   preguntar ....   poco ....   ganancia ....

retraso ....   valiente ....   premio ....   bello ....

recoger ....   ahorrar ....   salado ....   mandar ....

pagar ....   lleno ....   dulce ....   esencia ....

Variantes usuales del lenguaje

El lenguaje en los folletos de instrucciones

España

ahorro de energía

Vigile que los mandos de su aparato estén cerrados.

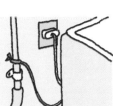

No utilice los conductos del gas como tomas de tierra de sus aparatos eléctricos

No permita que los niños jueguen con sus aparatos a gas.

Si es posible mantenga la ebullición con poco fuego. Evite el derrame sobre los fogones.

Si algún aparato no funciona correctamente avise al servicio técnico del fabricante del aparato.

No deje fuegos encendidos sin utilizar.

No deje escapar el gas mientras enciende la cerilla. Proceda primero a encender la cerilla.

No utilice más agua caliente que la necesaria.

Argentina

RESPETE LAS NORMAS DE TRÁNSITO. CUIDEMOS LA VIDA.

Las normas de tránsito protegen nuestras vidas. Conózcalas y respételas

El gran número del parque automotor argentino significó un importante aumento en las complicaciones de tránsito. El 90% de los accidentes se producen por fallas humanas que se pueden evitar con una correcta concientización. Preste atención a estas indicaciones y reducirá al mínimo su riesgo y el de su familia.

Respete las luces de los semáforos. Evite avanzar mientras esté prendida la luz amarilla. Respete los derechos del peatón y, cuando no haya semáforos, ceda el paso a los autos que vienen por la derecha.

En caso de que un imprevisto lo obligue a detenerse en el camino, utilice la baliza para que los otros autos noten su presencia a tiempo.

Si usted está equipado con un matafuegos podrá evitar que una falla técnica menor se convierta en un problema mayor. Compruebe periódicamente la carga de su matafuegos.

Respete la velocidad máxima en ruta: 100 km/h. El riesgo aumenta junto con la velocidad. Programe su viaje para disponer de tiempo suficiente sin tener que apurarse.

Indique sus maniobras con la luz de giro. Cuando vea las líneas centrales de no adelantar, no salga de su carril. Indican la presencia de un motivo de riesgo. Cuando éste sea superado, las líneas lo habilitarán para adelantarse.

RECOMENDACIONES PARA LA RUTA

Maneje durante el día, ya que es mucho más seguro que de noch Asegúrese un descanso previo al viaje y sólo consuma bebidas n alcohólicas. No olvide llevar con usted sus documentos personales los del vehículo. No utilice auriculares ni teléfonos mientras conduc

El Hombre que lo tenía Todo, Todo, Todo.

El Hombre que lo tenía Todo Todo Todo abrió los ojos muy asustado. Mientras dormía no tenía nada. Despertó bajo la lluvia de las campanillas de los relojes. Mientras dormía no tenía nada. Cien relojes despertadores, más de cien relojes. Mil relojes, más de mil relojes. Todos sonando al mismo tiempo.

Un reloj de carambolas, detrás de los cristales biselados, mirábase el cuadrante con las horas en números romanos, y las tres pelotitas doradas que acababan de hacer la carambola de la hora y el timbre de alarma que alargaba un "¡Yo te despierto! ¡Yo te despierto...!"

Un reloj que simulaba un globo terrestre, con un Ángel y un Esqueleto que con un dedo descarnado señalaba las horas, en un cuadrante dorado, conseguía hacerse oír, oír, oír... "¡Tú me despiertas! ¡Tú me despiertas! ¡Tú me despiertas...!".

Un reloj cara negra, espectro luctuoso con números plateados, plañía: "¡Él se despierta! ¡Él se despierta! ¡Él se despierta...!"

Un reloj de bronce, ronco, rezongaba a solas en su rincón: "¡Nosotros nos despertamos! ¡Nosotros nos despertamos...!".

Un viejo reloj de faro, más farol que reloj, martillaba al dar la hora: "¡Ellos despier-tan, tan..., tan...!".

Y un reloj-casita tirolesa de cucú melódico, con el pajarito mecánico a la puerta, repetía imperativo: "!Despertad vosotros cu-cú...! ¡Despertad vosotros cu-cú...!".

El Hombre que lo tenía Todo Todo Todo metió el brazo bajo la cama y extrajo el menos esperado de los adminículos domésticos. Un paraguas, o como decía él, un "para-qué...".

Lo abrió enseguida. Es de mal agüero abrir el paraguas en una habitación, pero a él le urgía interponer algo entre el campanilleo de los relojes y su persona.

Y ahora que sonaran. Ya él con el paraguas abierto, que sonaran. Los oiría como oír llover sobre el paraguas.

Y así se oía el "Yo te despierto...", "Tú me despiertas...", "Él se despierta...", "Nosotros nos despertamos...", "Ellos se despiertan...", "Despertad vosotros...".

Cerrar los ojos es no tener nada. Abrir los ojos es tenerlo todo. El aguacero de los despertadores había pasado.

El Hombre que lo tenía Todo, Todo, Todo,
Miguel Ángel Asturias (Guatemala)

Unidad de revisión
· ·
y autoevaluación

I. Comprensión oral (15 puntos)

1. Escucha y elige el título más apropiado. (3 p.)

a) Plantas útiles para la salud.
b) Los indígenas de la selva amazónica.
c) En el interior del bosque tropical.

2. Anota con letras las cantidades que se mencionan. (3 p.)

....
....
....
....

3. Escucha y anota V (verdadero) o F (falso). (3 p.)

		V	F
a)	El Empire State Building mide más de 400 metros de altura.	☐	☐
b)	El primer rascacielos se construyó en Chicago.	☐	☐
c)	El Talcoma Building está en Manhattan.	☐	☐
d)	El Sears Tower es actualmente el edificio más alto del mundo.	☐	☐
e)	El Empire es el segundo edificio más alto del mundo.	☐	☐

4. Escucha y anota qué cambios de alimentación suelen introducirse en verano. (3 p.)

....
....
....
....

5. Escucha y señala qué objeto no se nombra en la grabación. (3 p.)

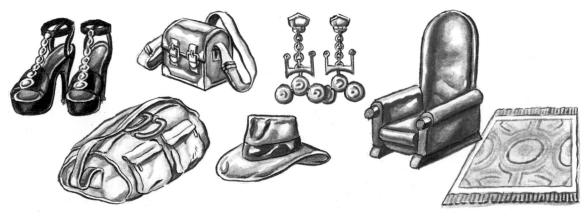

II. Comprensión escrita (15 puntos)

1. Relaciona las frases de cada columna. (3 p.)

a) Necesitamos que el oxígeno
b) Queremos que haya
c) La falta de árboles
d) Deseo que los automóviles
e) Es posible que en el mundo

1) más bosques y selvas.
2) contaminen menos.
3) no se acabe para poder respirar.
4) queden unas 9.000 especies de aves.
5) hace que cada vez llueva menos.

2. Lee el texto siguiente y anota V (verdadero) o F (falso). (3 p.)

La situación ha empezado, por fin, a cambiar. Cada vez nos encontramos con más mujeres, mejor preparadas y dispuestas a trabajar en empresas españolas. Las mujeres, sobre todo las más jóvenes, han dejado de ser inexpertas o aficionadas. La mayoría de estas mujeres empresarias han nacido en familias con padres empresarios, lo que las convierte en mejores conocedoras de lo que llevan entre manos. Están muy seguras de sí mismas y conocen su trabajo. Hay muchas jóvenes en España que, tras estudiar carreras como derecho o económicas, desean crear su propia empresa.

V F

a) Ahora hay menos mujeres dedicadas a la empresa que hace unos años. ☐ ☐
b) Muchos de los padres de las jóvenes empresarias son también empresarios. ☐ ☐
c) Las mujeres suelen ser menos expertas que los hombres. ☐ ☐
d) La mayoría de las jóvenes estudia derecho o económicas. ☐ ☐
e) Ninguna mujer quiere tener su propio negocio. ☐ ☐

3. Ordena las frases siguientes hasta obtener el relato original. (3 p.)

Las Claritas es, desde hace muchos años, la capital de los buscadores de oro.
Para los pequeños mineros de Guayana,
una estación de servicio donde compraban gasolina los mineros y de un hotel-restaurante.
Buscan éstos las historias y esos cuentos en los que los héroes
En Las Claritas, en los años ochenta, todos vivían de
A este lugar llegan aquellos que, en sus sueños, buscan ser ricos.
encuentran mucho oro y que pasan de unos a otros.

4. Señala a qué ámbito se refieren las instrucciones/consejos siguientes. (3 p.)

a) Conduzca con mucha precaución. ....
b) Descuelgue el auricular y marque el número deseado. ....
c) Lavar siempre con agua fría. ....
d) No camine descalzo. ....

5. Lee el texto siguiente y anota a qué objeto se refiere. (3 p.)

NO CABEN EN MUCHAS COCINAS PORQUE DENTRO CABE TODO.

Desde 135.000 ptas.

Sí, General Gelektrix los hace más grandes que los demás. Como la Línea 'Profile': exactamente 2 cm más grandes de ancho y de fondo. Pero gracias a eso ahorran un 20% de energía y en su interior cabe mucho más de lo que se imagina. Porque la técnica va junto al confort. Además, todos nuestros modelos tienen un "Servicio Extra" un exclusivo servicio que ofrece puesta en marcha e instalación totalmente gratis.

III. Expresión oral y escrita (25 puntos)

1. Escucha y responde a las preguntas según tu opinión. (5 p.)

a) ....
....

b) ....
....

c) ....
....

2. Escucha las situaciones siguientes y da consejos/instrucciones adecuados. (5 p.)

a) ....

b) ....

c) ....

d) ....

3. Escribe las cinco máximas de un ecologista. (5 p.)

a) ....

b) ....

c) ....

d) ....

e) ....

4. Cuenta a un/una amigo/a cómo fue tu primer viaje al extranjero (utiliza los conectores siguientes: *por tanto, porque, ya que, de ahí que, en consecuencia, debido a*. (5 p.)

Estimado/a _____:
_____
_____
_____
_____
_____
_____
_____
_____
_____
_____
_____

5. Escucha, calcula las cantidades y escribe los resultados en letras. (5 p.)

a) ....

b) ....

c) ....

IV. Gramática y léxico (25 puntos)

1. Completa con la forma adecuada del verbo entre paréntesis. (5 p.)

a) Deseo que los gobiernos (*preocuparse*) .... más por la paz.
b) Consideramos oportuno que los niños no (*ver*) .... esta película.
c) Es muy posible que dentro de pocos años no (*quedar*) .... ni una ballena.
d) Quizás a todos nos (*gustar*) .... un mundo más limpio.
e) Me gustaría que te (*callar*) .... unos minutos.

2. Completa con el adjetivo/pronombre posesivo adecuado. (5 p.)

a) (de ella) .... ojos son verdes.
b) (de ti) .... pantalones están rotos. Y (de él) los .... también.
c) (de vosotras) .... amigas son siempre muy puntuales.
d) Le gustaría pasar .... vacaciones tranquilamente en casa.
e) (de ellos) .... abuela tiene noventa años. La (de nosotros) .... también.

3. Transforma estas frases en pasivas. (5 p.)

a) La profesora explicó el tema.
   ....
b) Juan está pintando la pared.
   ....
c) Los niños visitarán mañana el museo.
   ....
d) Marta compró un coche usado.
   ....
e) El jefe de la expedición vio un león de lejos.
   ....

4. Completa con la preposición adecuada. (5 p.)

a) Preocuparse .... sus hijos.
b) Afectar .... todo el país.
c) Empezar .... estudiar.
d) Dedicarse .... la buena vida.
e) Enfrentarse .... los peligros.
f) Depender .... los padres.
g) Asemejarse .... ella.
h) Transformarse .... fantasma.
i) Convertirse .... vino.
j) Parecerse .... su hermano.

5. Comprueba cuáles de las definiciones siguientes no son correctas (utiliza un diccionario). (5 p.)

a) Abundancia: poca cantidad de algo.
b) Equilibrio: estado de cansancio.
c) Pérdida: acción o resultado de extraviar algo.
d) Igualdad: cualidad de idéntico/a.
e) Asociación: unión de personas o cosas para un fin.
f) Licenciado/a: persona que posee el título de estudios secundarios.
g) Enfrentamiento: acción de hacer frente a algo.

No importa

ÁREA TEMÁTICA:	Sociedad de consumo: los anuncios publicitarios.
APRENDERÁS A:	Comprender el lenguaje publicitario.
	Expresar aprecio, calidad, la importancia o valía de algo.
	Establecer comparaciones.
	Expresar igualdad, indiferencia, preferencia.
GRAMÁTICA:	Términos comparativos (*Igual, diferente, lo mismo, mejor/peor que, etc.*).
	Importa, no importa.
	Uso del subjuntivo con *Es igual que..., Es lo mismo que..., Da igual que..., Es indiferente que...*
ORTOGRAFÍA Y PRONUNCIACIÓN:	El hiato y los diptongos.
VARIANTES USUALES DEL LENGUAJE:	De compras: expresiones propias del vendedor y del comprador.
TEXTOS:	Artículo del periódico *La Nación*, Buenos Aires, Argentina.

1 Sitúate

1. En grupos:

¿Qué pensáis de la publicidad?

- ¿Ayuda a comprar mejor?
- ¿Da información falsa sobre las cosas?
- ¿Engaña al comprador?

Anotad vuestra opinión, en español y en pocas líneas.

2. Escucha estos dos anuncios publicitarios.

a)

Ese niño o esa niña tiene todos los derechos como persona. No es tuyo para hacer lo que quieras con él o con ella. Tanto si le atiendes como si le escuchas, lo o la proteges, lo o la educas o lo o la alimentas, lo estás haciendo porque es tu obligación ... y su derecho. Para él y ella el amor es una necesidad ... y un derecho. La protección es una necesidad y un derecho. El juego es una necesidad y un derecho. La libertad es una necesidad y un derecho. Las personas no son propiedad de nadie. No importa si es niño o niña. ¡Qué más da! Ese niño y esa niña que viven en tu casa no son tuyos. Son personas. Con todos sus derechos.

Defensa de Niños y Niñas Internacional. Con todo respeto.

b)

"Caralúcida" tiene una fórmula tecnológicamente tan revolucionaria y refleja la luz de tal forma que atenúa las arrugas e imperfecciones haciéndolas invisibles. El acabado que proporciona es tan suave que dura todo el día.

Además, por primera vez, nuestra tecnología exclusiva ha creado un maquillaje que trata realmente la piel. ¿Su piel es grasa?; ¿es seca? Da igual. No importa: el tipo de piel es indiferente para *"Caralúcida"*. El uso continuado de nuestra crema mejora la firmeza de la piel en cualquier circunstancia. Es el maquillaje del mañana para la mujer de hoy. Lúzcase con *"Caralúcida"*.

3. Lee y escucha de nuevo.

a) Resume en una frase el mensaje del anuncio de a).

....

b) Resume en una frase el mensaje del anuncio de b).

....

4. **En grupos:**
a) **Revisad el contenido de cada uno de los anuncios y anotad:**

- aspectos positivos:.............................
....
- aspectos negativos:...........................
....

b) **Comunicad vuestras conclusiones al resto de la clase.**

5. a) **Explicad el significado de las siguientes palabras o expresiones en los anuncios anteriores.**

atender	no importa
da igual	firmeza
crema	es indiferente
atenuar	hacer invisible
el acabado	lucirse

b) **Traducidlas a vuestro idioma.**

Se dice así

Para expresar indiferencia o actitud de igualdad ante las cosas:

¡Qué más da!
Da igual / Da lo mismo.
No importa / No me importa.
Es indiferente / Me es indiferente.

Para expresar diferencias:

(Me) importa.
No es igual / No da lo mismo / No es indiferente.
Es diferente, etc.

Para expresar igualdad:

*Es **tan** revolucionaria / Refleja la luz **de tal** forma ... que*
***Tanto** si le atiendes .... **como** si le escuchas, ...*

6. **Subraya en los textos anteriores las frases en las que se expresa comparación, diferencia o igualdad.**

7. **Completa estas frases, extraídas de anuncios publicitarios.**

a)
1. .... que el nuevo producto le convencerá.
2. ...., sino que también es la más económica.
3. ...., pero compare precios antes de comprar.
4. ...., no encontrará una guía más completa.
5. ...., porque es mejor.
6. .... y le permite hacer sus informes más deprisa.

b)
1. Cuando lo pruebes, ...
2. Por su precio, es la mejor solución y ....
3. Si has decidido alegrar tu vida, entonces ....
4. No es igual: ....
5. La comodidad del M-4 es tan extraordinaria ....
6. No importa que seas joven, ...

2 ¡Adelante!

1. Compara estos objetos o sus cualidades, estado, etc., entre sí.

2. Completa con elementos de comparación (*tan/tanto/de tal... que/como*).

1. La libertad es .... necesaria para los niños .... para los padres.
2. El amor a los hijos es .... una necesidad .... un deber.
3. El acabado de esta máquina es .... perfecto ...... útil.
4. Esta crema suaviza de .... manera .... usted se enamorará de ella.
5. No importa ..... su sabor ..... su olor.
6. El clima es .... agradable .... paso horas sentada en el balcón.
7. Se preocupa por sus amigas .... por sus propios hijos.
8. Es .... inteligente ..... sus padres.

3. Escucha y lee este texto: subraya las diferencias entre lo que oyes y lo que lees.

*M*ás allá de los sentidos están las sensaciones. La sensación de controlar una máquina que es perfecta. La sensación de seguridad que proporciona llevar las riendas de un motor 6V. Con un simple botón es posible controlar la velocidad y la amortiguación. De idéntica manera se puede controlar la altura de la carrocería, según las condiciones de la carretera y su manera de conducir. Y en el interior, el silencio. ¿Ruidos en el exterior? No importa: el silencio dentro de un *"Revol"* sólo se rompe con la música de su compact disc. No se preocupe usted por nada: el ordenador de a bordo lo controla todo periódicamente, tanto el ABS y la dirección asistida como el cierre de las puertas. El *"Revol"* es diferente porque es algo más que una simple máquina para desplazarse: es una sensación, igual que la que sentiría al sentarse sobre cuero y nogal, al regular electrónicamente el asiento, al percibir el frescor de una climatización independiente para cada pasajero. *"Revol"* es diferente. Acérquese a verlo y se convencerá.

ATCR

4. **Reacciona con una expresión del recuadro para cada frase.**

> ¡Qué más da! - Es igual - Me es indiferente - No importa - Da igual - Es diferente

1. El coche no es nuevo, pero no tengo dinero para comprar otro mejor.
2. Ni pienso en ellos ni me preocupan los habitantes de otros planetas.
3. Te llamo para felicitarte, porque no puedo ir a tu casa.
4. Llegas a las cinco, pero el tren ya ha salido.
5. No te han dado el premio, pero tampoco te interesaba mucho.
6. En general no te gustan las playas, pero ésta te encanta.
7. Todos los relojes sirven para marcar la hora. No necesitas comprar uno muy caro.

5. **Completa estas frases con información del texto anterior.**

1. Apretando un botón podemos ....
2. El silencio dentro del "Revol" es ....
3. Es un coche diferente porque ....
4. De igual modo que puede usted controlar la altura ....
5. Usted no debe cuidarse de nada: ....
6. El "Revol" es algo más que ....
7. Tanto la velocidad ....
8. Conducir un "Revol" es como ....

Gramática

> Después de construcciones como *Es igual que...; No importa que...; Es indiferente que...; Da lo mismo que...* sigue el verbo en forma de subjuntivo presente:
>
> *Es igual que sea niño o niña.*
> *No importa que compres caro o barato.*
> *Es indiferente que la crema mejore o no la piel.*

6. **Transforma estas frases según el modelo.**

Puede ser nuevo o viejo.
- *Es igual que sea nuevo o viejo.*

1. Puede usted ir a pie o en coche.
2. Puedes comprar una crema barata o cara.
3. Pueden ustedes descansar en casa o en el hotel.
4. Pueden llegar por la mañana o por la tarde.
5. Puedo decírtelo de palabra o por escrito.
6. Podemos verlo y probarlo.
7. Las condiciones de la carretera pueden ser buenas o malas.
8. Puede ser buena para pieles grasas o secas.

7. **Completa con el verbo en la forma adecuada.**

1. No importa que .... (ser) niño o niña.
2. Es igual que los anuncios .... (convencer) o no a la gente.
3. Da lo mismo que lo .... (comprar) de color blanco o rojo.
4. Es indiferente que lo .... (decir) tú o tu profesor.
5. Me da igual que mis padres me .... (regalar) una cartera o un bolso.
6. No importa que los relojes .... (costar) mucho o poco; me importa la calidad.
7. Da lo mismo que usted .... (preocuparse) o no.

3 En marcha

1. Escucha y anota.

a) ¿Qué producto se anuncia?

b) ¿Qué es lo que más te atrae de este anuncio en relación con el contenido expresado?

c) ¿Qué palabras te han llamado más la atención en este anuncio? Anótalas.

....

....

2. Escucha, lee y completa el texto.

> *Antes podía imaginarse una fracción de segundo. Ahora puede verla.*
>
> Final de los 100 metros lisos de los Terceros Campeonatos Mundiales de Atletismo. Nuevo récord. Y .... 6 centésimas de segundo separaron a los 4 primeros atletas. Una ...., la tecnología de "Redig" marcó la diferencia. El estreno de nuestro Vídeo 1000 HD, capaz de medir .... milésimas de segundo, introdujo el cronometraje deportivo en una nueva era ..... la precisión y velocidad .... un fuera de serie.
>
>
>
> Tecnología que usted puede .... en su muñeca gracias al extraordinario cronógrafo de "Redig", nuestra .... innovación. Con cronómetro segundero y cronoesfera mide incrementos de centésimas de segundo .... la más pura tradición analógica. Un reloj de .... diseñado para ofrecer elegancia y resistencia. Por eso está equipado con una exclusiva caja deportiva sumergible .... una presión de 15 bares. Si es usted joven, no se ....: "Redig" está concebido para durar toda la vida; siempre será igual, pero siempre será .... Desde luego nunca será lo mismo llevar un "Redig" en su muñeca. Cuando el tiempo es lo esencial, ... mucho contar con "Redig". En realidad "Redig" es lo único que ....

3. En grupos:

a) Pensad en situaciones en las que podáis decir:

1. ¡Qué más da!
2. Me da igual.
3. No me importa.
4. Es lo mismo.
5. Es indiferente.

b) Anotad estas situaciones y explicad cada una de ellas al resto de la clase.

4. **En parejas:**
a) **Explicad el significado de estas expresiones, que aparecen en el ejercicio 2 (buscad ayuda en un diccionario, si es necesario).**

un fuera de serie ....
nunca será lo mismo ....
importa mucho contar con ....
marcó la diferencia ....
capaz de ....
vestir en su muñeca ....
gracias a ....
la más pura tradición ....
reloj de pulsera ....
desde luego ....

b) **Traducidlas a vuestro idioma y leedlas a la clase. Contrastad las diferencias.**

5. **En parejas:**
Leed este anuncio, resumid el contenido y explicad el mensaje a la clase.

Algunas personas no admiten término medio en calidad de imagen y sólo aceptan el original. Para ellas sólo hay una elección en televisores: TBI. Nuestra exclusiva tecnología ha creado la imagen más grande y nítida que pueda usted ver fuera de una sala de cine. Con nuestro televisor obtendrá imágenes tan perfectas que se verá transportado a la realidad. Con el televisor TBI en su sala de estar, le será posible revivir la realidad. Si para usted no hay concesiones en lo relativo a la calidad, valorará tanto el TBI-500 como el TBI-600: los dos son una obra maestra y un regalo para sus ojos.

6. **En grupos:**

a) **Escribid un anuncio para vender este ordenador portátil, con las siguientes sugerencias y características.**

*Es de tamaño pequeño.
Es ligero de peso (pesa solamente 1,5 kg).
Puede trabajar con él en todas partes. Sus trabajos e informes serán perfectos.
Tiene un disco duro de 80 MB. Las pilas duran seis horas.
El precio es atractivo. Es ideal como regalo.*

b) **Leed vuestro anuncio a la clase.**

7. **Ortografía y pronunciación.**

En español son frecuentes las agrupaciones de dos vocales diferentes.
Estas agrupaciones pueden constituir una sola sílaba (= **diptongo**) o dos sílabas diferentes (**hiato**).

Diptongos:

Los diptongos siempre están constituidos por

a) una **i** ó **u** + **a/o/e** (*ia, ie, io, ua, ue, uo*):
   histor*ia*, estud*ie*, limp*io*, leng*ua*, ten*ue*, contin*uo.*

b) una **a, e, o** + **i/u** (*ai, ei, oi, au, eu, ou*):
   p*ai*sano, vies*ei*s, b*oi*coteo, bal*au*strada, d*eu*da.

Hiatos:

Los hiatos son más numerosos porque se dan con casi todas las combinaciones vocálicas posibles.
Los diptongos se convierten en hiatos, si una de las vocales recibe el acento gráfico (el acento gráfico indica en este caso la pronunciación de esas dos vocales "por separado", sin formar sílaba única):
   re**í**r, acent**úa**, r**aí**l, act**uó**, r**íe**, act**úo**, r**ío**, h**uí**.

Los hiatos pueden darse también en grupos de dos vocales no acentuadas:
   r**eu**nir, cr**ue**ldad, fast**uo**so, destr**ui**do, pr**io**r.

Escucha y repite:

riachuelo, actuar, reunir, reúno, búho, familia, aldea, viaje, compuesto, puedo, peine, caía, avión, triángulo, cliente, real, oigo, oído, ingenuo, día, cruel, león.

En busca de la palabra

a) Explica, con la ayuda de un diccionario, las diferencias entre cada par de palabras.

sueldo - paga	guardar - custodiar	cansado - extenuado	continuar - seguir
casualidad - azar	terminar - acabar	rodear - cercar	suave - delicado
dentro de - en	ordenar - organizar	proteger - defender	mejorar - arreglar

b) Completa estas frases con algunas de las palabras anteriores.

1. Mi ...... anual es de 4 millones de pesetas.
2. ¿Se ha .... la fruta? ¿Sí? Entonces tenemos que comprar más.
3. No laves esta falda en la lavadora. Es un tejido muy ....
4. Ahora no tengo ganas de salir: he jugado al tenis y estoy muy ....
5. No busques por aquí. Ella suele guardar el dinero .... armario.
6. Los ejércitos tienen la obligación de .... a la patria.
7. Vi a Marta. En realidad la encontré en la calle por ....
8. Si quieres tener éxito, debes .... tu vida.
9. ¿Has .... las fichas por orden alfabético?
10. Acostumbra a .... el dinero en el Banco.

Variantes usuales del lenguaje

De compras...

En España	**En Argentina**

El vendedor o dependiente:

¿Le puedo ayudar en algo, señora/caballero?	*¿Qué necesita, señora/señor?*
¿Desea algo, señora/señorita/caballero?	*¿Quiere algo, señora/señorita/señor?*
¿En qué puedo servirle, señor...?	*¿En qué puedo servirle, señora...?*

Cliente:

Busco unos zapatos del 39.	*Necesito zapatos número 39.*
Desearía comprar una camisa de señora.	*Necesito comprar una camisa de mujer.*
¿Tienen ustedes zapatillas de andar por casa?	*¿Tienen zapatillas de entre casa?*
Estoy pensando en un chándal de deporte.	*Quiero un equipo/conjunto de deporte.*
Estoy interesada en un abrigo de pieles.	*Me interesa un tapado de piel.*

El vendedor o dependiente:

Sí, aquí tenemos lo que usted desea.	*Sí, acá tenemos lo que usted quiere.*
Venga usted por aquí.	*Pase por acá.*
Esta falda le va perfectamente.	*Esta pollera le queda muy bien.*
Este modelo ya no se fabrica.	*Este modelo no se fabrica más.*
Esta blusa está rebajada.	*Esta blusa está rebajada.*

Cliente:

Lo siento, no es lo que yo buscaba.	*Perdone, pero no es lo que yo buscaba.*
¿Tiene usted un color más claro?	*¿Tiene un color más claro?*
¿Tiene una talla más pequeña?	*¿Tiene un número menos?*
Éste me gusta más. Lo pensaré.	*Éste me gusta más. Lo voy a pensar.*

La influencia de la publicidad sobre otros lenguajes, inclusive el periodístico, comienza a ser advertida por los especialistas. Títulos que comparten la inclinación por la hipérbole y el impacto que los avisos cultivan desde siempre; frases cortas y con gancho que aspiran a perdurar en la memoria del público de la misma manera que lo hace un eslógan y la búsqueda de esa síntesis que atormenta a los publicitarios son algunos de los puntos de contacto entre los dos "lenguajes" que hablan los periódicos.

El aporte publicitario a los discursos políticos es la cápsula informativa que, por tener gancho, pretende captar la atención de la prensa y lograr de este modo una mayor cobertura periodística gratuita, obviamente.

Las relaciones entre los contenidos periodísticos y publicitarios no han sido suficientemente estudiadas aún, al menos en los países de habla hispana. Por primera vez hace dos años, la Facultad de Ciencias de la Información de la Universidad de Navarra consagró sus Jornadas Internacionales a la "Publicidad en el sistema informativo".

La primera conclusión fue que ambas disciplinas son información: "Un diario –decía Lazareff– es un cuerpo vivo; redacción y publicidad son sus partes constitutivas, estrechamente interrelacionadas". La parte publicitaria de un diario no es un loteo ni una playa de estacionamiento. Cuando un anunciante suscribe un contrato de publicidad, compra más que un espacio determinado: compra la esperanza de participar en un diálogo que todo medio mantiene con sus lectores.

Artículo del diario *La Nación*, Buenos Aires (Argentina), 5-X-1993.

Aunque estuviera cansado...

ÁREA TEMÁTICA:	Usos y costumbres.
APRENDERÁS A:	Expresar concesión, temporalidad. Relacionar hechos en distintos períodos de tiempo.
GRAMÁTICA:	Usos del subjuntivo en oraciones concesivas y temporales. *Cuando* + indicativo /subjuntivo. Derivación mediante sufijos (**-ito/a, -ería**).
ORTOGRAFÍA Y PRONUNCIACIÓN:	Entonación en oraciones complejas, con pausas intermedias.
VARIANTES USUALES DEL LENGUAJE:	Expresiones usuales en México y sus equivalentes en España.
TEXTOS:	Fragmento de *Arráncame la vida*, de Ángeles Mastretta.

1 Sitúate

1. En parejas:

a) Escribid el nombre de cada país en la zona geográfica que corresponda.

Colombia
Argentina
Perú
Chile
México
Venezuela
Bolivia
Paraguay
Costa Rica
El Salvador
Nicaragua
Uruguay
Cuba
Guatemala
Ecuador
República Dominicana
Honduras
Puerto Rico
Panamá

b) **Comprobad los resultados con el resto de la clase.**

2. ¿De qué nacionalidad...? Relaciona cada país con la nacionalidad que le corresponda.

Colombia	mexicano
Argentina	colombiano
Perú	hondureño
Chile	panameño
México	argentino
Venezuela	portorriqueño
Bolivia	guatemalteco
Paraguay	nicaragüense
Costa Rica	uruguayo
Panamá	chileno
El Salvador	peruano
Nicaragua	dominicano
Uruguay	ecuatoriano
Cuba	venezolano
Guatemala	salvadoreño
Ecuador	cubano
República Dominicana	boliviano
Honduras	paraguayo
Puerto Rico	costarricense

3. Escucha y lee.

La vida de Juan Pérez, español de Salamanca, cambió el día en que decidió comprar un televisor en los grandes almacenes de "El Corte Inglés". La suerte le sonrió con una papeleta en la que se leía: "Viaje a México para dos personas". Aunque Juan estaba soltero y no tenía acompañante, no dudó un instante en aceptar el premio. En México tenía familia lejana y aún seguía escribiéndose con una prima de nombre poco hispano, llamada Xóchitl. Un buen día subió al DC-10 de Aeroméxico con destino a la ciudad que los aztecas llamaban la Gran Tenochtitlán.

Cuando llegó al aeropuerto "Benito Juárez" de la ciudad de México, le estaba esperando Xóchitl, a quien Juan nunca había visto más que en fotos. El vestíbulo del aeropuerto estaba lleno de chamacas que saludaban con fervor a la selección mexicana de fútbol, que llegaba victoriosa de una gira por Europa. La sala del aeropuerto se había convertido en una verdadera pachanga, a la que pronto se unieron los mariachis con guitarrones y trompetas, cantando aquello de "México

lindo y querido, si muero lejos de ti, que digan que estoy dormido y que me traigan aquí".

Entre la gente, Juan vio a una muchacha morena y chaparrita, con los brazos levantados y con un cartel en el que podía leerse, con grandes letras, J U A N . En cuanto vio el cartel, Juan se acercó a ella.

– Yo soy Xóchitl – dijo ella, al mismo tiempo que se dirigía hacia Juan, sonriendo.

– Y yo Juan.

Ella le dio un beso en la mejilla y él le correspondió con dos, uno en cada mejilla, como es costumbre en España.

Ya fuera del aeropuerto, subieron los dos al vochito amarillo de la prima mexicana (un Volkswagen sedán) y enfilaron a la colonia de Santa María de la Ribera, por el viaducto. Cuando el carrito amarillo de Xóchitl se estacionó encima de la banqueta de la calle del Nogal, una pandilla de niños se acercó para ver al visitante. Empezaba la experiencia de Juan Pérez en México.

4. **Completa estas frases con información del texto.**

1. En el aeropuerto Benito Juárez había ....
2. Xóchitl esperaba a Juan ....
3. El viaje a México le había tocado cuando ....
4. Los dos dejaron el aeropuerto en ....
5. Cuando aparcaron el coche en la calle Nogal ....
6. Cuando llegó Juan a México, el aeropuerto ....
7. Juan no conocía personalmente a Xóchitl, aunque la ....
8. Juan dio un beso a Xóchitl en cada mejilla ....

5. **Estas palabras aparecen en el texto del ejercicio 3; búscalas y elige el significado correcto.**

papeleta: a) trozo de papel pequeño con algún dato de interés.
b) papel para tomar notas.

pachanga (Méx.): a) ruidos incontrolados.
b) fiesta.

banqueta (Méx.): a) banquete (para celebrar una fiesta).
b) acera (parte de la calzada por donde transitan los peatones).

pandilla: a) pandereta pequeña (que sirve para tocar).
b) grupo de personas que se unen para un fin.

chamaca (Méx.): a) niña o muchacha joven.
b) joven mal vestida.

cartel: a) papel colocado en un lugar público para anunciar o dar a conocer algo.
b) letrero de adorno que se coloca en las paredes.

enfilaron: a) se pusieron en fila.
b) se dirigieron hacia un lugar o punto determinado.

curiosos: a) limpios.
b) que sienten interés por saber o ver algo.

chaparrita (Méx.): a) persona baja y gordita.
b) chaparrón o lluvia no muy fuerte.

Se dice así

Un buen día .... (= un día cualquiera, no especificado)
El vestíbulo estaba lleno...
Juan estaba soltero...
Aún seguía escribiéndose con una prima lejana...

6. **Completa con *buen* o alguno de los verbos siguientes en la forma y tiempo adecuados (*estar, ser, seguir*).**

1. Juan .... alegre porque su prima le esperaba en el aeropuerto.
2. Xóchitl todavía no .... casada; ..... muy joven aún.
3. Cuando dejaron el aeropuerto las chamacas .... cantando y divirtiéndose.
4. En el cartel ...... escrito: JUAN.
5. Sin pensarlo más, un .... día subió al avión, con destino a México.
6. Juan .... sin hablar: su prima .... callada, conduciendo con mucha atención.
7. Xóchitl le .... esperando, sonriente.
8. Juan .... escribiendo una carta al mes. No podía olvidarla.

2 ¡Adelante!

Gramática

Las oraciones subordinadas temporales o concesivas introducidas con *cuando, aunque...*, pueden ir seguidas del verbo en indicativo si el hablante expresa o se refiere a hechos o acciones reales:

Cuando llegó al aeropuerto, le estaba esperando Xóchitl.
Cuando el carrito se estacionó en la acera, se acercaron los niños.

En cuanto vio el cartel, Juan se acercó a ella.
Aunque Juan estaba soltero, no dudó en aceptar el premio.

1. Transforma estas frases según el modelo.

- Juan vio el coche. Esperó a Isabel
- *Cuando Juan vio el coche, esperó a Isabel.*

1. Llegó la lluvia. Entraron en casa.
2. Llega el avión. Van a esperarlo al aeropuerto.
3. Eran las doce. Los niños salían de la escuela.
4. Llegaba la hora. Se iban a dormir.
5. Ganaba el equipo. Todos se ponían alegres.
6. Compra. Siempre tiene mucha suerte.
7. Vio el cartel. La muchacha se acercó corriendo.

2. Completa estas frases.

1. Aunque tiene dinero ....
2. Es muy simpático, aunque ....
3. Cuando entraba en el avión ....
4. No quería viajar, aunque ....
5. Hacía dos días que había comprado el coche, cuando ....
6. Aunque le gustaba mucho ir a la selva ....
7. Cuando llegó a la ciudad de Lima, ...
8. Decía la verdad, aunque ....

3. Haz frases que expresen tiempo con elementos de cada columna y usando *cuando*.

Ejemplo: *Cuando llega/llegó, etc., el invierno, Ricardo se compra/compró, etc., un abrigo.*

yo	tocar	invierno		comprar	un coche nuevo
ella	leer	periódico	ella	ver	la televisión
Juan	llegar	prisa	María	salir	muy tarde
él	tener	lotería	su mujer	comprar	un abrigo
ellos	informarse	tema	el jefe	cerró	la fábrica
ellas	venir a	biblioteca	Ricardo	consulta	libros
tú		algo		hacer	mal los ejercicios

4. Escucha y completa el texto con las palabras del recuadro.

> al lado - pudo - abrazos - se sentó - delicioso - queso - comidas - hizo
> había tenido - se sintió - dieran - comenzaron - era - unos

"¿Éste es tu primo gachupín?", preguntó a Xóchitl un muchacho que trabajaba en la tortillería de ....
"No le hagas caso, Juan. Son .... majaderos." Y empujó a su primo hacia el interior de la casa. En la casa esperaban don Pancho y doña Eduviges, padres de Xóchitl, quienes lo recibieron con un par de .... y con la mesa servida de exquisitas garnachas y antojitos. Juan .... a la mesa, aunque todavía no .... ni tiempo ni ocasión de expresar palabra alguna. Más por cortesía que por ganas, se llevó a la boca un .... tlacoyo de frijoles, adornado con crema, cebollita picada, ... rallado y salsa verde. Juan había leído y

oído mucho sobre lo picantes que eran las .... mexicanas. Pero nunca había podido imaginarse la realidad: el picor del tlacoyo .... que la piel de su cabeza comenzase a sudar, a la vez que vapores y sofocos .... a brotarle de sus orejas. Xóchitl, que no dejaba de observarle y mirarle a la cara, no ...... contener una sonrisa maliciosa, aunque se atrevió a decirle que no se preocupara, que no ...... nada, que la comida mexicana era así de picante... Y ella misma se comió otro tlacoyo, sin que .... muestras de que el picante le afectara en lo más mínimo. Cuando llegó la hora de irse a dormir, Juan Pérez .... aliviado; aunque empezó a sospechar que la experiencia mexicana solamente acababa de empezar...

5. **Revisa el texto y anota las formas de infinitivo que corresponden a las siguientes formas verbales.**

| se sentó | se sintió | había oído | se comió | se atrevió |
| hagas | había leído | diera | pudo | hizo |

APRENDE A APRENDER:

Relaciona los verbos en infinitivo de los ejemplos anteriores con las formas en que pueden derivar (*hacer: haré, haga...*), consulta una gramática de español y explica por qué esas formas son o no irregulares.

6. **En parejas:**
Explicad el significado de estas frases o expresiones (véase el texto anterior) o expresadlas con otras palabras.

gachupín (Méx.): *palabra despectiva utilizada para referirse a los españoles que llegan de la península):*

... que trabajaba en la tortillería:
... lo recibieron con un par de abrazos:
... no había tenido tiempo de expresar palabra alguna:
... sobre lo picantes que eran las comidas mexicanas:
... no pudo contener una sonrisa:
Más por cortesía que por ganas...:
No le hagas caso, Juan:
Se llevó a la boca....:

Gramática

Observa que algunas formas (sufijos), unidas a otra palabra, forman nuevas palabras mediante *derivación*:

tortilla + -ería = *tortillería*
papel + -eta = *papeleta*
chaparra + -ita = *chaparrita*

7. a) **Revisa los textos de esta unidad y subraya todas las palabras que sean derivadas de otras.**

b) **Con la ayuda de un diccionario si es preciso, escribe la palabra de la que deriva y la forma o sufijo añadido.**

8. **Forma derivados de:**

pan	pastel	chico	muchacha
banco	florista	victoria	zapato
pescado	México	España	Argentina
prima	malicia	sonrisa	palabra

3 En marcha

1. En grupos:

Imaginad lo que pudo ocurrirle a Juan la primera noche que pasó en casa de los padres de Xóchitl, anotadlo por escrito y comunicadlo a la clase.

2. Escuchad y leed atentamente este texto.

A Juan le habían preparado la mejor recámara de la casa. En las paredes colgaban algunos cuadros: la Virgen de Guadalupe, las pirámides de Teotihuacán, una panorámica de los volcanes Popocatépetl e Iztaccíhuatl y un primer plano de su prima Xóchitl, cuando cumplió los quince años. Todo era familiar y agradable. Pero Juan presentía que aunque estuviera cansado por el viaje, no dormiría. Y así fue. De madrugada le despertó la serenata que un vecino del barrio le llevó a Xóchitl, que cumplía 18 años. También él tuvo que levantarse y tomar la copita de tequila que su prima ofreció a los músicos. Cuando ya había logrado dormirse, muy de madrugada, le despertó la música de un disco un poco rayado: doña Eduviges seguía la tradición mexicana de despertar a quien cumple los años con las "Mañanitas que cantaba el rey David".

Después de desayunar, Juan decidió salir en busca de una floristería. Tras muchos intentos y repeticiones, ya era capaz de pronunciar bien el nombre de su prima. Y sabía, además, que en español Xóchitl significaba "flor". Aunque su regalo llegara con retraso, quería comprar algo para la prima. En la floristería de la calle de enfrente vio unas flores amarillas que le gustaron mucho. Nunca las había visto antes. Pero su

sorpresa fue tremenda cuando oyó a la florista decir que esas flores se verían muy hermosas sobre la tumba de la difunta. Xóchitl le explicaría más tarde que en México estas flores (llamadas *Cempasúchil*) se usan para adornar los panteones y los altares el día de los muertos. Pero Xóchitl puso el ramo de flores en un florero y le invitó a pasar el día visitando la ciudad. "Cuando llegue la noche -se dijo Juan-, cuántos mariachis habré escuchado, cuántas tortas y cuántos tacos habré comido...?" ¿O quizás su prima le tenía preparada alguna sorpresa mexicana?

3. Resumid las experiencias de Juan en casa de Xóchitl: por la noche, en la floristería, con el regalo a su prima.

Gramática

Las oraciones subordinadas temporales o concesivas introducidas con *cuando, aunque...*, pueden ir seguidas del verbo en subjuntivo si el hablante expresa o se refiere a hechos o acciones no reales o no realizadas:

Cuando llegue la noche, Juan habrá comido muchas tortas.
Cuando estacione el carrito, los niños se acercarán.

Aunque su regalo llegara con retraso, quería comprar algo a su prima.

4. ¿Qué consejos darías a Juan para disfrutar de una feliz estancia en México? Usad frases con *aunque, cuando...*

- Aunque la comida sea picante, debe comer algo.

- Aunque el aeropuerto ....
- Cuando la noche ....
- Aunque los padres de Xóchitl ....
- Aunque los tacos ....
- Cuando su prima ....
- Cuando el coche ....
- Aunque él ....

5. Completa estas sugerencias, para ayudar a Xóchitl.

1. Aunque Juan quiera beber tequila, conviene que ....
2. Aunque desee conducir tu coche, es conveniente que ....
3. Cuando le pare la policía en la ciudad, es aconsejable que ....
4. Aunque los niños le llamen "gachupín", conviene que ....
5. Aunque sus padres le pidan que coma más, es mejor que ....
6. Cuando vaya a dormir, es aconsejable que ....
7. Cuando le pregunten si le gusta México, es conveniente que ....
8. Cuando le pregunten si es su novia, es mejor que ....

6. Completa estas frases con el verbo en indicativo o en subjuntivo, según los casos.

1. Cuando .... (*venir*) a verme, no me saludes desde la calle.
2. Cuando mi prima me .... (*escribir*), siempre lo hace en papel de color.
3. Aunque te lo .... (*suplicar*) de rodillas, no se lo concedas.
4. Aunque os .... (*regalar*) el tocadiscos, es mejor que no lo aceptéis.
5. Cuando .... (*ser*) verdad lo que dice, se le nota en la cara.
6. En cuanto .... (*llegar*) su amiga, se pone alegre.
7. Aunque tu hermano .... (*cambiar*) de trabajo, no logrará nada positivo.
8. Cuando .... (*ponerse*) de acuerdo, que nos lo hagan saber.

7. Pronunciación.

La entonación en oraciones complejas, con pausas intermedias.

a) Con una pausa:

Los coches que ves por la carretera, son todos nuevos.

b) Con dos o más pausas:

Cuando quieras venir, enviar dinero o sencillamente saludarnos, avísanos por teléfono.

c) Escucha y repite.

1. Cuando vengas a visitarme, te llevaré en coche.
2. Si tu hermano me ayuda, acabaré pronto.
3. Aunque apruebes el examen, debes seguir estudiando.
4. Cuando hayas desayunado y te hayas arreglado, ya podrás salir.
5. Aunque lloren y griten, no les hagas caso.
6. Aunque llegues temprano, no lograrás ser el primero.

En busca de la palabra

Consulta un diccionario y relaciona los siguientes rasgos físicos con los adjetivos más adecuados para cada caso.

barba	lacio
nariz	leporino
ojos	grandes
cabello	poblada
labio	roma
orejas	verdosos
mejillas	grande
boca	robusta
cráneo	liso
piel	delgada
mandíbula	amarilla
cara	coloradas

Variantes usuales del lenguaje

Expresiones y voces usuales

En España

- Dar una serenata a alguien.
- Encaminarse hacia un lugar.
- Mover el esqueleto (bailando).
- Estar bebido /Curarse la borrachera.
- "Pervertir" a alguien.
- Aparcar el coche.
- Dar la vuelta a la manzana.

- Vendedor de periódicos.
- Llamar al camarero.
- Abrir el capó del coche.
- Poner los intermitentes (del coche).

- ¿Diga?
- ¡Caramba!
- ¡Venga!, ¡Vale!

- Coger un taxi (colectivo y de precio fijo).
- Alquilar una habitación.

En México

- Llevar la serenata a alguien.
- Enfilar a un lugar.
- Mover el "bote" bailando.
- Estar crudo /Curarse la cruda.
- Alborotar a alguien.
- Estacionar el carro.
- Dar la vuelta a la cuadra.

- Voceador.
- Llamar al mesero.
- Abrir el cofre del carro.
- Poner los direccionales (del carro).

- ¿Bueno? (respondiendo al teléfono).
- ¡Híjole!
- ¡Órale!

- Tomar un pesero.
- Alquilar una recámara.

Ese año pasaron muchas cosas en este país. Entre otras, Andrés y yo nos casamos.

Lo conocí en un café de los portales. En qué otra parte iba a ser si en Puebla todo pasaba en los portales: desde los noviazgos hasta los asesinatos, como si no hubiera otro lugar.

Entonces él tenía más de treinta años y yo menos de quince. Estaba con mis hermanas y sus novios cuando lo vimos acercarse. Dijo su nombre y se sentó a conversar entre nosotros. Me gustó. Tenía las manos grandes y unos labios que apretados daban miedo y, riéndose, confianza. Como si tuviera dos bocas. El pelo, después de un rato de hablar, se le alborotaba y le caía sobre la frente con la misma insistencia con que él lo empujaba hacia atrás en un hábito de toda la vida. No era lo que se dice un hombre guapo. Tenía los ojos demasiado chicos y la nariz demasiado grande, pero yo nunca había visto unos ojos tan vivos y no conocía a nadie con su expresión de certidumbre.

De repente me puso una mano en el hombro y preguntó:

– ¿Verdad que son unos pendejos?

– ¿Quiénes? -pregunté.

– Usted diga que sí, que en la cara se le nota que está de acuerdo -pidió sonriéndose.

Dije que sí y volví a preguntar quiénes.

Entonces él, que tenía los ojos verdes, dijo cerrando uno:

– Los poblanos, chula. ¿Quiénes si no?

Claro que estaba yo de acuerdo. Para mí los poblanos eran esos que caminaban y vivían como si tuvieran la ciudad escriturada a su nombre desde hacía siglos. No nosotras, las hijas de un campesino que dejó de ordeñar vacas porque aprendió a hacer quesos; no él, Andrés Ascencio, convertido en general gracias a todas las casualidades y todas las astucias menos la de haber heredado un apellido con escudo. Quiso acompañarnos hasta la casa y desde ese día empezó a visitarla con frecuencia, a dilapidar sus coqueterías conmigo y con toda la familia...

Arráncame la vida,
Ángeles Mastretta (México)

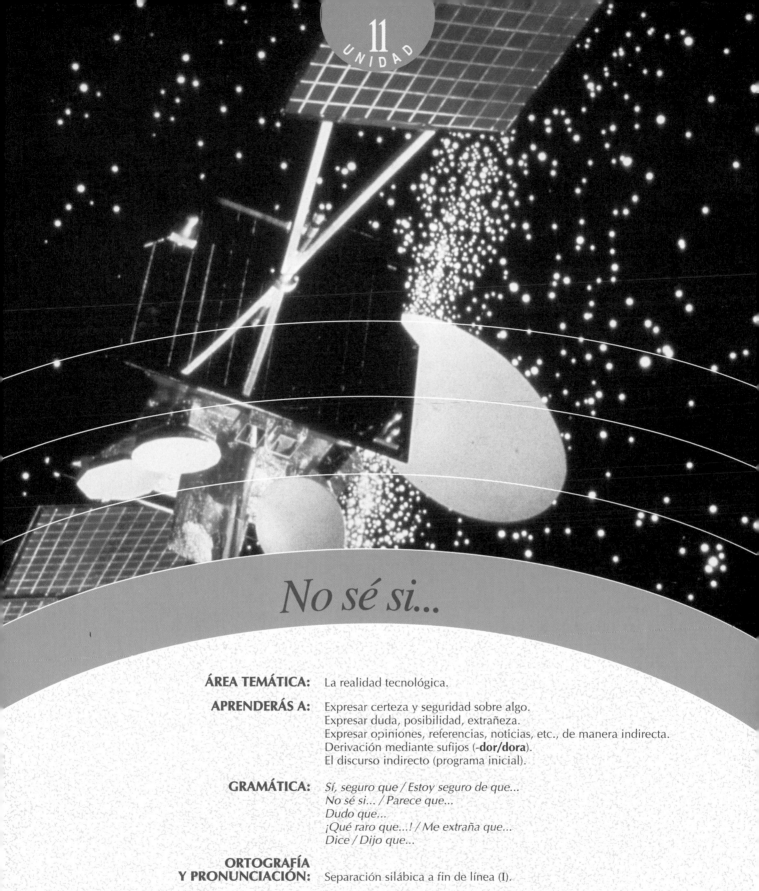

11
U N I D A D

No sé si...

ÁREA TEMÁTICA:	La realidad tecnológica.
APRENDERÁS A:	Expresar certeza y seguridad sobre algo. Expresar duda, posibilidad, extrañeza. Expresar opiniones, referencias, noticias, etc., de manera indirecta. Derivación mediante sufijos (-**dor/dora**). El discurso indirecto (programa inicial).
GRAMÁTICA:	*Sí, seguro que / Estoy seguro de que...* *No sé si... / Parece que...* *Dudo que...* *¡Qué raro que...! / Me extraña que...* *Dice / Dijo que...*
ORTOGRAFÍA Y PRONUNCIACIÓN:	Separación silábica a fin de línea (I).
VARIANTES USUALES DEL LENGUAJE:	Lenguaje administrativo: modelo de instancia.
TEXTOS:	Fragmentos de *Balada a la bicicleta con alas* de Rafael Alberti y de *Ni pobre ni rico, sino todo lo contrario* de Miguel Mihura.

1 Sitúate

1. **En grupos:**

¿Podríamos imaginarnos el mundo si no se hubiese inventado la rueda? Anotad:

a) las cosas, máquinas, etc., que no existirían.

b) las cosas que con toda seguridad no podríais hacer.

c) las cosas que probablemente no podrían hacerse sin la rueda.

2. **Escuchad y anotad si estas afirmaciones son verdaderas (V) o falsas (F).**

	V	F
1. Leonardo da Vinci construyó la primera bicicleta con pedales.	☐	☐
2. En 1791 circulaba por París la primera bicicleta con dos ruedas.	☐	☐
3. El manillar lo inventó un inglés en 1839.	☐	☐
4. La bicicleta no es un invento español.	☐	☐
5. No se sabe cuándo se fabricó por vez primera una bicicleta parecida a las de hoy.	☐	☐
6. La bicicleta más barata del mundo cuesta 50 millones de pesetas.	☐	☐

3. **Escucha y lee este diálogo.**

Luis: Siempre dudo del futuro. Pero a veces el futuro se hace realidad. ¿Sabes quién pensó en la bicicleta por vez primera?

Jaime: Pues no; no lo sé.

Luis: Leonardo da Vinci, hace nada menos que 500 años. Aunque parece que no llegó a construir un modelo útil.

Jaime: Entonces, ¿cuándo se inventó realmente la bicicleta?

Luis: Este libro dice que en París se usó una barra de madera sobre dos ruedas desde 1791.

Jaime: ¡Vaya, qué raro! ¿Cómo es posible andar sobre dos ruedas sin nadie que empuje?

Luis: No sé. Hasta 1839 no se inventaron los pedales para mover la rueda de atrás. El inventor fue un escocés, de nombre McMillan.

Jaime: ¿Y el manillar para conducir?

Luis: Ya lo había inventado un alemán en 1813.

Jaime: ¡Y yo que pensaba que la bicicleta era una invención de la tecnología hispana!

Luis: Dudo que la bicicleta sea un invento español. La bicicleta similar a la de hoy apareció hacia 1880, según un prototipo de dos ingenieros ingleses, que inventaron el sistema para unir la rueda de los pedales a la rueda de atrás mediante una cadena especial. Parece que es muy fácil inventar la bicicleta, ¿verdad? Pues la humanidad ha necesitado 500 años para pasar de la idea a la realidad...

Jaime: Pero ahora creo que se puede decir que todos saben montar en bici. Aunque sólo sea en casa, para estar en forma y sin moverse de la habitación.

Luis: ¡No me lo puedo creer! Este artículo dice que se ha construido una bicicleta que pesa solamente 7,9 kilos. ¿Sabes lo que cuesta? ¡Trescientos cincuenta mil (350.000) dólares! O sea, unos 50 millones de pesetas. ¡Qué barbaridad!

Jaime: Si lo hubiera sabido Leonardo da Vinci...

4. **Buscad en el texto anterior las palabras que corresponden a este significado.**

1. Pieza cilíndrica y alargada hecha de madera.
2. Hacer presión para que algo se mueva en una dirección.
3. Algo que se descubre por vez primera.
4. Palanca movida o accionada por el pie y que mueve un mecanismo.
5. Pieza que sirve para guiar una bicicleta.
6. Primer ejemplar de algo, que sirve como modelo.
7. Representación de algo, que luego puede ser imitado.
8. Quien descubre algo por vez primera.

5. **En parejas:**

a) **Traducid a vuestro idioma estas oraciones.**

1. *Dudo* del futuro: ....
2. *Parece* que Leonardo *no llegó* a construir un modelo útil: ....
3. Yo *pensaba* que la bicicleta *era* una invención de la tecnología hispana: ....
4. *Dudo* que la bicicleta *sea* un invento español: ....
5. Pero ahora *creo* que todos *saben* montar en bici: ....

b) **Comparad el tiempo del verbo español que aparece en cursiva y el tiempo del verbo en vuestra lengua. Luego consultad el recuadro siguiente.**

Gramática

1. **Si queremos expresar una opinión personal como posibilidad o probabilidad con *Parece que.... Seguro que...* el verbo de la oración subordinada va en indicativo:**

   *Parece que **no llegó** a construir un modelo útil.*
   *Seguro que **viene** mañana.*

2. **Si queremos expresar duda, incertidumbre, extrañeza (= irrealidad de la acción), el verbo de la oración subordinada debe ir en subjuntivo:**

   *Dudo/Me extraña que la bicicleta **sea** un invento español.*
   *Dudaba/Me extrañaba que la bicicleta **fuera** un invento español.*

3. **Si queremos expresar una opinión (*Creo que...*), el verbo de la oración subordinada debe ir en indicativo:**

   *Creo que ahora todos **saben** montar en bici.*
   *Creía que ahora todos **sabían** montar en bici.*

6. **Completa estas frases con información del diálogo anterior.**

1. Creo que Leonardo da Vinci ....
2. Dudo que la bicicleta la ....
3. Me extraña que en el siglo XXI la bicicleta ....
4. Parece que se ha construido una bicicleta ....
5. ¡Qué raro que la primera bicicleta ....
6. El libro dice que dos ingenieros ingleses ....
7. Mi amigo dudaba que la tecnología hispana ....

2 ¡Adelante!

1. Dialoga con tu compañero/a, según el modelo.

Los ciclistas profesionales tienen el corazón muy grande.
- Creo que/Seguro que los ciclistas profesionales tienen el corazón muy grande.

1. Antes las bicicletas eran de acero.
2. Ahora las bicicletas son de aluminio.
3. El primer Tour de Francia lo ganó Garin.
4. La rueda de aire para la bicicleta la descubrió Dunlop.
5. Induráin alcanzó una media de 52 kilómetros por hora en la vuelta ciclista a Francia.
6. Un norteamericano alcanzó los 223 kilómetros por hora en bicicleta.
7. Las bicicletas más famosas en la actualidad son las de montaña.
8. En 1990 más de 700.000 españoles practicaban el ciclismo.

2. Cambia estas frases anteponiendo *Dudo que... / Me extraña que...*

Dudo que la guerra solucione algún problema.

1. El planeta Marte será ocupado por el hombre.
2. Han encontrado lo que buscaban.
3. Tenemos el coche que deseamos.
4. La energía del futuro será la energía solar.
5. Ha inventado una disculpa para no ir a la fiesta.
6. Al padre le gusta que su hijo sea médico.
7. A Pilar le gusta estudiar con Pedro.
8. Es más sano pasear en bici que a pie.

Gramática

Si negamos una afirmación con el verbo *creer*, *considerar*, etc., el verbo que sigue debe cambiar a la forma de subjuntivo:

- Creo que viene.   - *No creo que venga.*

3. Pon en forma negativa.

1. Creo que es pobre.   *- No creo que sea pobre.*
2. Parece que ya saluda a su vecino.   - ....
3. Considera que eres una niña.   - ....
4. Creemos que el gobierno puede arreglar el país.   - ....
5. Cree que su jefe tiene prisa.   - ....
6. Parece que no le gusta viajar en avión.   - ....
7. Consideran que la verdad ha de estar por encima de todo.   - ....
8. Parece que hoy todas estáis tristes.   - ....

4. Escucha y completa las formas verbales en su forma adecuada.

"– Coge el teléfono, Marta, que yo no puedo ponerme. .... (*estar*) en el baño."

Ésta será, en el futuro próximo, la disculpa más habitual que todos utilizaremos para no ponernos al teléfono cuando .... (*llamar*) un amigo o amiga, un desconocido o alguien con quien no nos .... (*interesar*) hablar. Según afirman las empresas de telecomunicaciones, se .... (*empezar*) a implantar muy pronto en los hogares el **videoteléfono**. Cuando .... (*querer*) hablar con alguien, no solamente oiremos su voz, sino que también .... (*ver*) su cara, sus gestos, sus ojos... Dudo que el empleado .... (*querer*) hablar con su jefe si ese día está

enfadado. Tendrá que dar alguna disculpa para no hablar, si no .... (*estar*) seguro de poder poner buena cara ante la pantalla del videoteléfono. Estoy seguro de que el joven enamorado .... (*ofrecer*) su mejor sonrisa a la novia que .... (*desear*) verlo antes de irse a descansar. Los anuncios de teléfonos no se referirán a la calidad de la voz ("Clara como el cristal..."), sino a la calidad de la imagen. "Mírame cuando te .... (*hablar*)", dirá la madre al hijo o el novio a la novia, o el padre a la hija. Seguro que el teléfono .... (*pasar*) pronto a la historia. No es de extrañar que la imagen con voz .... (*reemplazar*) a la voz sin imagen.

5. En grupos:

a) Subrayad en el texto anterior todas las frases que expresen duda, opinión, seguridad.

b) Escribid otras tantas frases similares en español.

6. Reaccionad escribiendo frases que expresen duda o seguridad sobre estos temas.

Ejemplo: Mis padres comprarán un videoteléfono.
- *Dudo que mis padres compren un videoteléfono.*
- *Estoy seguro de/Seguro que mis padres comprarán un videoteléfono.*

1. El videoteléfono es un gran invento.
2. Ver la televisión puede ser muy útil.
3. A mi amiga le gustó mucho esa película.
4. El novio cumplirá su promesa.
5. La novia le regalará un reloj.
6. En bici no llegarán muy lejos.
7. Los coches de hidrógeno no contaminan la atmósfera.
8. El director de la empresa siempre viaja en primera.

7. En grupos:
¿Qué expresan cada una de las siguientes frases?

esperanza	duda	certeza	posibilidad	probabilidad
moderación	simpatía	extrañeza	obligación	seguridad

1. Es optimista respecto al futuro de sus hijos.
2. Dudo que anhele poseer muchas riquezas.
3. Quizás Juan es moderado en sus palabras y juicios.
4. Los políticos deben tener siempre cuidado con lo que dicen.
5. Parece que la madre siempre piensa en encontrar al hijo perdido.
6. ¡Qué raro que ella venga en tren!
7. La bailarina no era guapa, pero según parece cayó en gracia al público.
8. Seguro que se le van los ojos detrás de los pasteles.

3. En marcha

1. **En grupos:**

   a) Anotad lo que consideréis negativo en los coches actuales.

   b) ¿Cómo sería vuestro coche ideal?

   c) Escribid al menos cuatro frases y leedlas al resto de la clase.

2. **Leed y asociad cada uno de los textos a la foto que corresponda.**

Los coches de hidrógeno fabricados hasta el presente no contaminan. Sus tubos de escape solamente echan al exterior vapor de agua. Pero no parece que puedan circular aún por nuestras carreteras frente a sus competidores, los coches de gasolina: la empresa constructora comunicó que solamente podían recorrer 100 kilómetros sin tener que cargar hidrógeno de nuevo.

¿Será el coche eléctrico el coche del año 2000? Es posible que así sea, pero nadie puede asegurarlo. Uno de los modelos construidos alcanzó una autonomía de 240 kilómetros. La electricidad almacenada hizo también posible que el coche alcanzase una velocidad de 110 kilómetros por hora. Parece ser que este modelo, presentado en la Feria Mundial del Automóvil, tuvo una buena acogida por parte de los visitantes.

"El futuro es de la energía solar", afirman muchos científicos. Una empresa japonesa ha creado el Phoebus 3, coche equipado con centenares de células solares. Pesa solamente 150 kilos y alcanza los 100 kilómetros por hora. Otra firma norteamericana presentó también un modelo basado en la energía solar. El presidente de esta empresa afirmó que su coche había llegado a los 130 kilómetros por hora.

3. **En parejas:**
¿Cuál de los tres coches descritos anteriormente preferís? Dad vuestra opinión o explicad vuestras razones usando alguno de estos elementos.

- Prefiero .... porque ....
- Creo que el coche ....
- Probablemente el coche ....
- Parece que el coche de ....

4. **Busca en los textos anteriores las siguientes palabras o expresiones y**

a) Explícalas en español.

1.   ... echan al exterior ....
2.   Uno de los modelos construidos alcanzó una autonomía de ....
3.   La electricidad almacenada ....
4.   ...frente a sus competidores ....
5.   La empresa constructora ....
6.   ...podían recorrer 100 kilómetros sin cargar hidrógeno ....
7.   ...tuvo una buena acogida ....
8.   ...coche equipado ....

b) Tradúcelas a tu idioma.

c) Lee la traducción a la clase y compárala con otras traducciones.

5. **En grupos:**
¿Qué es....?

- *El que compite: competi-**dor***
- *La que compite: competi-**dora***

el que corre: ....
la que asegura: ....
el que acoge: ....
la que crea: ....
la que presenta: ....
el que informa: ....
el que conoce: ....
la que habla: ....
la que piensa: ....
el que nada: ....
el que conduce: ....

6. **En grupos:**

- **Anotad las características de vuestro coche ideal.**

- **Dibujadlo.**

- **Con estos datos, escribid un anuncio publicitario de vuestro coche ideal.**

- **Describidlo a la clase.**

7. **Ortografía.**

a) Separación silábica a fin de línea.

La regla más general para separar una palabra a final de línea es que *la separación de los elementos de una palabra debe hacerse por sílabas*. Las sílabas españolas están constituidas mayoritariamente por la unión de **consonante + vocal** o **vocal + consonante**. Pero también hay sílabas formadas por **consonante+vocal+consonante (in-ven-tor), consonante+consonante+vocal(+consonante) (pla-ya, pres-tar)**. Según esta regla básica, la separación de los elementos de una palabra puede ejemplificarse así:

sí-la-ba, pros-pe-rar, di-ri-gir, ca-rro, co-che

Debe tenerse en cuenta que en español los grupos **ch, rr y ll** nunca deben separarse. Tampoco deben separarse nunca las secuencias **que, qui, gue, gui, güe, güi**, ni los diptongos, ni tampoco dos consonantes que pertenezcan a la misma sílaba:

pru-den-cia, com-prar.

b) Señala por dónde dividirías las siguientes palabras (al final de una línea).

hablar, tales, salvedad, presentado, poder, jefe, electricidad, hidrógeno, bicicleta, teléfono, llorar, acecho, sabido, inventar, cigüeña, pequeño, tendré, hablar, queramos, seguir, extrañar, pronto, coches, presentar, allanar, ceguera.

En busca de la palabra

a) **Consulta los siguientes términos en un diccionario y explica en qué se diferencian.**

pensar - meditar
pensar - opinar
acción pensada - acción meditada
acción planeada - acción imaginada
pensador/ra - meditabundo/a

meditar - reflexionar
planear - pensar
acción premeditada - acción precipitada
persona reflexiva - persona irreflexiva

b) **¿A cuáles, de entre las palabras anteriores, pueden aplicarse las siguientes definiciones?**

Tener una idea sobre algo o alguien.
Hecho que no tiene existencia real o que existe sólo en la mente de alguien.
Pensar detenidamente en algo.
Persona que aparenta estar abstraída en pensamientos o en la meditación.
Que no piensa bien lo que dice o hace.
Hecho que se lleva a cabo de acuerdo con un plan elaborado.

Variantes usuales del lenguaje

El lenguaje administrativo (una instancia).

En España

Ilmo. Sr.:

María Sánchez Castellanos, de 35 años de edad, vecina de Ávila, domiciliada en la calle La Muralla, núm. 14, 5º, dcha., con DNI núm. 25.345.928,

EXPONE

Que por V. I. le ha sido impuesta una multa de cinco mil pesetas por dejar estacionado su automóvil matrícula AV-9852-Z en un lugar prohibido, el día 14 de abril de 1994. No obstante, este coche le había sido robado dos días antes, de lo cual había dado parte a la policía. Es, por tanto, de suponer que fueron los ladrones quienes aparcaron el mencionado coche en el lugar prohibido a que se refiere la sanción de tráfico

y por tanto, de V.I. SOLICITA

que le sea anulada la citada multa.

Es justicia que espera obtener del recto criterio y proceder de V.I.

Ávila, a 17 de abril de 1994.

Firmado:
María Sánchez Castellanos

Ilmo. Sr. Alcalde del Ayuntamiento de Ávila

En México

Señor Director de Protección y Vialidad de Texcoco. TEXCOCO - Estado de México
Presente

María Sánchez Castellano, de 35 años de edad, domiciliada en Texcoco, calle Benito Juárez Nº 37, interior 201, que se identifica con licencia de manejo Nº 307485,

DICE

Que le fue impuesta una multa de 500 nuevos pesos por dejar estacionado su automóvil VHJ 210 en un lugar prohibido, el día 14 de abril de 1994. La afectada informa que dicho automóvil le había sido robado dos días antes, lo cual consta en el acta Nº 2758, levantada ante el Ministerio Público. Esto indica que el automóvil fue estacionado por los ladrones en el lugar en que fuera objeto de la sanción.

Por lo tanto solicita,

que le sea anulada la citada multa.

En espera a que se atienda a la presente apelación, le saluda atentamente,

María Sánchez Castellanos
Texcoco, 2 de Mayo de 1994.

Balada a la bicicleta con alas

A los 50 años, hoy, tengo una bicicleta.
Muchos tienen un yate
y muchos más un automóvil
y hay muchos que tienen ya un avión.
Pero yo,
a mis 50 años justos, tengo sólo una bicicleta.
He escrito y publicado innumerables versos.
Casi todos hablan del mar
y también de los bosques, los ángeles y las llanuras.
He cantado las guerras injustificadas,
la paz y las revoluciones.
Ahora soy nada más que un desterrado.
Y a miles de kilómetros de mi hermoso país,
con una pipa curva entre los labios,
un cuadernillo de hojas blancas y un lápiz,
corro en mi bicicleta por los bosques urbanos,
por los caminos ruidosos y calles asfaltadas
y me detengo siempre junto a un río
a ver cómo se acuesta la tarde y con la noche
se le pierden al agua las primeras estrellas.

Rafael Alberti

OS TEXTOS TEXTOS TEXTOS T

El inventor

Inventor 1º: ¿Usted también es inventor?
Inventor 2º: (*Que lleva una sierra con la pata de una silla*)
             Sí, señor. ¿No lo está usted viendo?
Inventor 1º: (*Admirado.*) Es verdad... ¡Vaya un invento!
Inventor 2º: Pues esto no es nada. También he inventado una máquina
             muy grande.
Inventor 1º: ¿Y para qué sirve?
Inventor 2º: No sirve para nada, pero es muy grande. En eso consiste su
             mérito: no cabe en una habitación. Y ahora pienso inventar
             otra más grande todavía, que no quepa ni en dos habitaciones.

Ni pobre ni rico, sino todo lo contrario,
Miguel Mihura y A. Lara (España)

Si fuera posible...

ÁREA TEMÁTICA: El medio ambiente.

APRENDERÁS A: Expresar hipótesis, posibilidad, probabilidad.
Expresar certeza, incertidumbre... respecto al futuro.

GRAMÁTICA: Usos del subjuntivo.
Quizás / Tal vez / Ojalá / Si + verbo.
No sé si/Cómo... + verbo.
Uso del futuro en la expresión de certeza.

**ORTOGRAFÍA
Y PRONUNCIACIÓN:** Separación silábica a fin de línea (II).

**VARIANTES USUALES
DEL LENGUAJE:** Correspondencia familiar / entre amigos.

TEXTOS: *Canción al niño Jesús*, de Gerardo Diego.

Sitúate

1. En grupos:

a) Anotad cuáles de los siguientes elementos intervienen en los cambios de clima.

rocas	árboles	ríos	rayos del sol	calor
viento	temperatura	sol	frío	mar
luna	humedad	agua	plantas	volcanes

b) Elegid cuatro de esos elementos y explicad cómo y por qué influyen en los cambios climáticos.

2. Escucha y anota a qué fotografía se refiere cada párrafo.

3. Escucha de nuevo y señala las frases que oigas, entre las siguientes.

1. Si fuera posible...
2. Tal vez la primavera llegaría antes...
3. Los científicos no vivían en Siberia.
4. Se cambiarán los cursos de varios grandes ríos.
5. Si no hubiera petróleo en la selva ecuatoriana...
6. Si hubieran conseguido sus objetivos, el clima...
7. Si no hubiera sido por la acción decidida de estos habitantes de la selva...
8. Quizás en el futuro ya no haya selvas...

4. Lee y elige el título más adecuado para cada uno de los siguientes párrafos.

a) *Siberia y el hielo.*
   Si en Siberia no hubiera hielo...
   Siberia sin invierno.

b) *Los peligros del agua.*
   China: Si hubiera ecologistas...
   El clima cambiará en China.

c) *La fuerza de sesenta indígenas.*
   Petróleo y árboles: enemigos para siempre.
   ¿Es posible salvar la selva?

Un equipo de científicos rusos trabajó durante varios años en un proyecto para cambiar el clima en Siberia. Los científicos pretendían provocar el deshielo de esta gran extensión de tierra, inundándola con las aguas de algunos grandes ríos e instalando en satélites artificiales grandes espejos solares que reflejaran la luz solar sobre las masas de agua helada de Siberia. Si hubieran conseguido sus objetivos, el clima de esta región sería diferente. Probablemente los inviernos no serían tan fríos y los veranos serían más calurosos. Tal vez la primavera llegaría antes y el otoño sería más largo.

Si fuera posible...

En China se está construyendo la mayor presa del mundo, la presa de Sichuán. Se cambiarán los cursos de varios grandes ríos y las aguas se embalsarán en una gran cuenca. Como consecuencia de todo ello, cambiará el clima en la región: algunas zonas, que antes eran húmedas, dejarán de serlo. Otras zonas, que antes eran secas, empezarán a ser húmedas porque se regarán artificialmente. El clima cambiará, por tanto, en la región.

En medio de la selva ecuatoriana está situada la aldea de Capirona, formada por chozas de palma, al lado de un río, el Punim, afluente del Napo. Primero llegaron las compañías madereras para cortar los árboles de la zona. Más tarde, en 1991, llegaron los hombres de una compañía petrolera. Empezaron a hacer pruebas mediante explosiones subterráneas y a abrir caminos con máquinas potentes. La selva sufrió grandes destrozos. Los habitantes de la aldea de Capirona, sesenta indígenas contando mujeres, niños y niñas, se opusieron y lograron parar los trabajos. Si no hubiera sido por la acción decidida de estos habitantes de la selva, los daños serían irreparables.

5. En parejas:

a) Revisad los textos anteriores y buscad palabras que puedan sustituir a:

zona	la mayor presa	un equipo de científicos	subterráneas
provocar	se embalsarán	los habitantes de la aldea	chozas
instalando	artificialmente	los daños serían irreparables	masas de agua

b) Comparad vuestros resultados con los de vuestros compañeros/as.

Se dice así

Observa que para expresar hipótesis, probabilidad o posibilidad futura, se usa o bien el subjuntivo (en oraciones compuestas, seguido del condicional), o bien el condicional:

- *Si hubieran conseguido sus objetivos, el clima sería diferente.*
- *Si no hubiera sido por la acción decidida de estos habitantes, los daños serían irreparables.*
- *Tal vez la primavera llegaría antes.*
- *Probablemente los inviernos no serían tan fríos...*

Los hechos sobre los que se tiene certeza de que ocurrirán en el futuro, se expresan con el tiempo de futuro:

- *El clima cambiará.*
- *Otras zonas empezarán a ser húmedas...*

2 ¡Adelante!

1. Completad las frases siguientes, que expresan probabilidad.

1. Tal vez la selva se salvaría si ....
2. Es probable que hubiese agua si...
3. Probablemente los indígenas no hubieran conseguido parar las pruebas si ....
4. Tal vez si el clima cambiara ....
5. Es posible que los inviernos fueran más cortos si...
6. Probablemente la primavera llegaría antes si...
7. Tal vez la aldea habría desaparecido si ....

2. En parejas:
Haced frases según el modelo: ¿Qué haríais si tuvieseis poder y dinero...?

Si tuviera poder / Si fuera poderoso / Si tuviera dinero, mandaría construir más fábricas.

1. (dar la vuelta al mundo)
2. (hacer justicia)
3. (ayudar a los necesitados)
4. (dar dinero para la ciencia)
5. (proteger a los animales)
6. (defender mejor a los niños)
7. (no dejar morir de hambre a nadie)
8. (prohibir las guerras)

3. Transformad en frases que expresen certeza.

- *Quizás cambien las cosas.*
- *Seguro que las cosas cambiarán.*

1. Quizás los efectos sean positivos.
2. Quizás la selva no sufra destrozos.
3. Quizás la empresa no corte los árboles.
4. Quizás la temperatura aumente dos grados.
5. Tal vez el pueblo no se quede sin agua.
6. Tal vez los daños no sean irreparables.
7. Tal vez el comportamiento de las naciones mejore.
8. Tal vez esas máquinas no abran nuevos caminos.

4. En grupos:
Leed y completad con el verbo en la forma adecuada.

¿Es posible controlar el clima? Quizás en el futuro el hombre .... (*ser*) capaz de controlar las variaciones climáticas. Pero por el momento esto ...... (*ser*) imposible. Conocemos bastantes cosas sobre el comportamiento de los fenómenos naturales (el viento, las corrientes, las nubes, etc.), pero no sabemos cómo .... (*combinarse*) e interaccionan todos esos elementos en el conjunto. Los fenómenos que intervienen en los cambios climáticos son muchos y complejos. Si el sistema .... (*funcionar*) de modo "lineal", no sería difícil controlar las variables que acaban .... (*producir*) un cambio de clima. Pero la realidad no es así. Hoy podemos predecir el clima de una región limitada con 10 o 12 días de antelación. Pero nada más. Podemos también calcular los valores medios del clima en todo el planeta en períodos grandes de tiempo (por ejemplo durante los cien próximos años). Ahí .... (*acabar*) nuestras posibilidades. Es posible cambiar un factor

climático, pero si lo .... (*hacer*), no sabríamos qué .... (*venir*) después. Tal vez fuera posible introducir cambios o condicionar la entrada de la radiación solar en la Tierra, pero si así ...... (*ser*), desconoceríamos las reacciones que este cambio produciría en relación con los demás elementos que contribuyen a cambiar el clima. Es decir, no sabemos qué .... (*ocurrir*). Quizás los efectos fueran positivos. Pero ¿y si .... (*ser*) negativos o perjudiciales para el planeta Tierra y para quienes vivimos en él?

5. Dialogad en parejas, según el modelo.

A. - ¿Es posible cambiar el clima?
B. - Quizás sea posible, pero no es probable.

1. (introducir sólo cambios positivos)
2. (predecir el futuro)
3. (no destruir tantos árboles)
4. (evitar las guerras entre naciones)
5. (gastar menos energía)
6. (contaminar menos la atmósfera)
7. (respetar a todos los grupos indígenas)
8. (eliminar las injusticias sociales)

6. Relaciona los elementos de cada columna.

combinar	acción o resultado de romperse un cuerpo con gran ruido.
reacción	resultado de una causa.
desconocer	comparando con.
efecto	unir armónicamente.
perjudicial	tomar parte, actuar.
dejar de	acción que se opone a otra.
potente	ignorar.
explosión	que causa daño.
intervenir	fuerte, poderoso.
en relación con	no seguir haciendo lo empezado.

Gramática

Recuerda estas irregularidades

contribuir: contribuyo, contribuyes, contribuye, contribuimos, contribuís, contribuyen.
provocar: provoqué, provocaste, etc.
conseguir: consigo, consigues, consigue, conseguimos, conseguisteis, consiguieron.
empezar: empiezo, empiezas, empieza, empezamos, empezáis, empiezan.
empecé, empezaste, empezó, etc.
situar: sitúo, sitúas, sitúa, situamos, situáis, sitúan.
oponerse: me opongo, te opones, se opone, etc.
me opuse, te opusiste, se opuso, etc.

7. Completa las formas verbales que faltan, según el esquema.

funciona	funcionó	funcione	funcionara/funcionase
hace	hizo	....	..................../....................
....	introdujiste	....	introdujeras/....................
....	contribuyó	contribuya	..................../....................
provoca	....	....	provocara/provocase
....	consiguió	....	..................../consiguiese
....	empezó	empiece	..................../....................
....	situó	sitúe	..................../....................
se opone	....	....	..................../....................

Se dice así

¡Ojalá hubiera árboles!
¡Ojalá no hubieran cortado los árboles!

1. En parejas:
Expresad cinco deseos usando *ojalá*...

1. ¡Ojalá ....!
2. ....
3. ....
4. ....
5. ....

2. Escuchad y leed lo que ha ocurrido en un pueblo de la selva ecuatoriana.

Quizás si hubiera nieblas húmedas en la zona...

Antes corrían los arroyos, con agua suficiente, desde las colinas hasta el poblado y durante todo el año. Eran frecuentes las nieblas húmedas. En una palabra: teníamos agua. Al desaparecer los árboles, desapareció la vegetación del monte y se secaron los arroyos.

AYUDA EN ACCION

está sujeta a una permanente auditoría por parte de prestigiosos auditores nacionales e internacionales que garantizan su fiabilidad.

Ayuda en Acción

Trabajando con el Tercer Mundo.

"No sé si sería exactamente así, pero...

si los bosques no hubiesen sido talados, ahora tendríamos agua", dice Luis Mora, presidente de la comunidad de la Florida, en la provincia costera de Manabí, en Ecuador. **Ayuda en Acción (A/A)**, organización independiente cuyo objetivo es ayudar a mejorar las condiciones de vida de familias y niños en las regiones más pobres del Tercer Mundo, lleva agua, en camiones, a esta pequeña comunidad de habitantes. De esta manera los vecinos no tienen que recorrer ocho kilómetros diarios en burro para aprovisionarse de agua.

Tal vez si no se hubiera destruido el monte...

Si el monte no hubiese sido destruido, ahora tendríamos agua, habría monos, ciervos y otros muchos animales. Todo se acabó cuando una compañía maderera cortó los árboles de la región.

¡Ojalá no hubieran cortado los árboles!

La tierra era fuerte y firme, porque la vegetación protegía la tierra y las hojas de los árboles daban alimento a las plantas y éstas a los animales que vivían en el bosque. Con la desaparición de los árboles, la tierra se secó y la erosión se la lleva. No se puede plantar nada, porque no nace, ni crece nada.

> **Se puede expresar incertidumbre o duda sobre el futuro con *No + saber + si/cómo + verbo* (en indicativo o condicional):**
>
> - *No sé si vendrá en tren.*
> - *No sabemos cómo se combinan esos elementos.*
> - *No sé si sería exactamente así.*

3. **En grupos:**

a) **Escribid cuatro hipótesis sobre lo que podría haber ocurrido en la comunidad de la Florida.**

- *Es probable que* ....
- *Si no* ....

- *No es imposible que* ....
- *Puede ser que* ....

b) **Expresad también vuestras dudas o incertidumbres sobre los resultados o la situación en dos frases.**

- *No sabemos si* ....
- *No sé si* ....

c) **Leedlas a la clase y comparadlas con las de otros grupos.**

4. **En parejas:**

a) **Buscad información en el mapa de Ecuador que aparece en la página siguiente sobre los proyectos de "Ayuda en Acción".**

b) **Describid la situación y características de cada uno de ellos a la clase. Buscad ayuda en el texto del recuadro.**

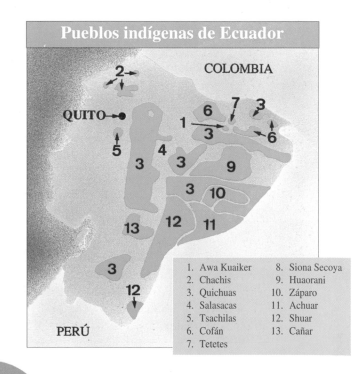

Pueblos indígenas de Ecuador

1. Awa Kuaiker	8. Siona Secoya
2. Chachis	9. Huaorani
3. Quichuas	10. Záparo
4. Salasacas	11. Achuar
5. Tsachilas	12. Shuar
6. Cofán	13. Cañar
7. Tetetes	

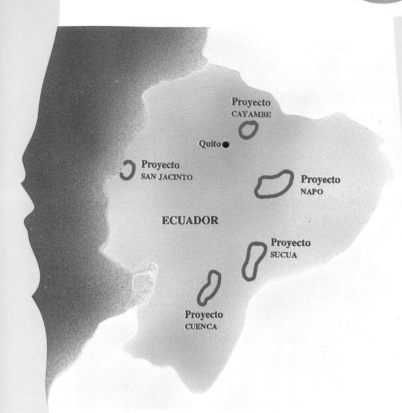

Proyectos de "Ayuda en Acción"

Proyecto SAN JACINTO (desde 1986)
El proyecto comprende 17 comunidades, con unas 18.000 personas en total. Las ayudas a estas comunidades provienen de un total de 1.135 donantes españoles, que lo hacen con carácter individual.

Proyecto NAPO (desde 1991)
Se benefician de este proyecto un total de 27 comunidades y 8.000 personas. Los donantes privados son 200 y todos ellos también españoles.

Proyecto CAYAMBE
Son atendidas un total de 23 comunidades, con unas 30.000 personas. Los donantes españoles son 1.334.

Proyecto CUENCA
Este proyecto se extiende a 27 comunidades y las personas atendidas suman 16.000. El número de donantes españoles que contribuyen a los gastos de ayuda son 2.095.

Proyecto SUCUA
De él se benefician 31 comunidades, en las cuales viven unas 12.000 personas. Las ayudas provienen de donantes españoles privados (1.176 en total).

5. **Sobre los datos anteriores, anotad frases con deseos positivos para estas comunidades de indígenas.**

- ¡Ojalá ....!   - Quizás ....
- Me gustaría que ....   - Tal vez ....
- Desearíamos que ....   - Es muy posible que ....

6. **Ortografía.**

a) Separación silábica a fin de línea (II).

1. No deben separarse las sílabas que estén constituidas sólo por una vocal si ésta es final de palabra:
   Ma-ría, Ca-llao

La norma puede aplicarse también a sílabas de estas características en inicio de palabra, pero el uso es menos estricto en este caso. De modo que se admiten separaciones como:
   a-ve-ría / ave-ría, a-fa-ma-do / afa-ma-do

2. Los grupos de dos vocales no acentuadas nunca suelen separarse, en ninguna posición:
   cie-lo, cue-llo, ae-ro-náu-ti-ca

3. Las palabras derivadas y compuestas se separan en razón de los afijos o partes que las componen:
   des-ha-cer, des-in-te-rés, en-tre-a-bier-to

b) Señala por dónde dividirías las siguientes palabras, al final de línea.

afectación, cuestión, duelo, confiado, desenterrar, despierto, pueblo, hueco, confusión, inapreciable, incauto, desatendido, quehacer, luego, oír, oído, piedra, ecuatoriana, conservación.

En  de la palabra

Con la ayuda de un diccionario, relaciona cada par de palabras con su significado exacto, según el artículo que preceda.

el cólera / la cólera: enfado grande / enfermedad

el guardia / la guardia: conjunto de personas que hacen guardia / una persona con funciones de policía.

el frente / la frente: primera línea frente al enemigo, en una guerra / parte alta de la cara.

el orden / la orden: mandato / posición de las cosas en el lugar que corresponda.

el capital / la capital: bienes o posesiones de alguien / ciudad donde reside el gobierno de la nación.

el guía / la guía: libro informativo sobre un país, ciudad... / persona que conduce u orienta a alguien.

el pendiente / la pendiente: declive del terreno / adorno en la oreja.

Variantes usuales del lenguaje — La correspondencia (cartas) familiar o entre amigos.

España

Madrid, 5 de noviembre de 1925

Sr. D. Pedro Orduña
C. San Antonio, 7
Granada

Mi querido Manolo:

Ayer me dijo Melchorito todo lo que ha pasado. Así, de pronto, la noticia fue una sorpresa de las que no se olvidan. Yo tenía por tu padre, tú lo sabes, un cariño y una devoción extraordinarios, y me parece mentira que no lo hayamos de ver nunca, con su gracia y su bondad, por las calles de Granada y en el café Alameda, donde tan buenísimos ratos tengo pasados con él.

Hombres como tu padre había muy pocos. Era un pedazo de Andalucía, de la auténtica Andalucía aristocrática e inteligentísima. Un hombre de raza vieja y depurada, que hacía el milagro de unir la bondad más dulce con la ironía más aguda.

Hubiese querido estar en Granada para haberte acompañado en tan triste momento, pero ten la seguridad de que espiritualmente lo he estado. Saluda cariñosamente a tu hermano Fernando y demás familia.

Tú recibe un gran abrazo de

Federico García Lorca

México

México, septiembre 15, 1993

Carmela Santos
C. Prim, 28, 3º-A
28004 Madrid

Querida Carmela:

¡Cuánto tiempo sin escribirte! Pero no nos hemos olvidado de ti y de Luis, eh. ¿Qué tal? ¿Cómo va todo para ustedes? Espero que bien. Por acá las cosas no están tan bien, en el país, quiero decir. Si les hacemos caso a los diarios, diremos que México nada en la abundancia, pero no es así. Está aumentando el desempleo y casi no hay dinero y no es porque no haya sino porque ante la incertidumbre del futuro la mayoría de las empresas no dan dinero para nada.

Este año ha sido más o menos cruel para algunos amigos. ¿Te acuerdas de Augusto? Murió hace poco. Un tragedión. La madre apenas se va recuperando. Estuvo un mes en terapia intensiva, pero ya está bien. Ya te imaginarás por lo que pasamos nosotros también. Somos sus mejores amigos y no los íbamos a abandonar. En parte esto ha motivado no haberte escrito antes.

Bueno, perdona que corte tan pronto. Por favor, recuerden que los apreciamos mucho Teresita y yo. Besos y abrazos,

Óscar y Teresita.

Si la palmera pudiera
volverse tan niña, niña,
como si fuera una niña
con cintura de pulsera,
para que el Niño la viera...
Si la palmera tuviera
las patas de borriquillo,
las alas de Gabrielillo,
para cuando el Niño quiera
correr, volar a su vera...
Que no, que correr no quiere el Niño,
que lo que quiere es dormirse,
y es, capullito, cerrarse
para soñar con su madre.
Y lo sabe la palmera...
Si la palmera supiera
que sus palmas algún día...
Si la palmera supiera
por qué la Virgen María
la mira...
Si la palmera supiera...
Si ella tuviera...
La palmera...

Gerardo Diego
Canción al niño Jesús

Unidad de revisión
. . . .
y autoevaluación

Puntuación:

I.   Comprensión oral: 15
II. Comprensión escrita: 15
III. Expresión oral y escrita: 25
IV. Gramática y léxico: 25

Total 80

I. Comprensión oral (15 puntos)

1. Escucha y anota de qué artículo se trata. (3 p.)

a) Crema contra la piel.
b) Crema de protección solar.
c) Crema de piel.

2. Escucha y anota V (verdadero) o F (falso). (3 p.)

	V	F
a) Los coches del futuro contaminarán bastante.	☐	☐
b) La fuente de energía del futuro seguirá siendo la gasolina.	☐	☐
c) El coche del futuro funcionará con otras fuentes de energía.	☐	☐
d) Los coches del año 2000 sólo se verán en los museos.	☐	☐

3. Escucha los consejos siguientes y anota para qué sirven. (3 p.)

....
....
....
....

4. Escucha y anota cuánta agua por habitante y día se consume más en la mitad sur de España que en la mitad norte. (3 p.)

....
....
....

5. Sigue atentamente las instrucciones y podrás descubrir un sinónimo de la palabra *discente*. (3 p.)

	1ª	2ª	3ª	4ª	5ª	6ª	7ª	8ª	9ª
1ª	S	E	C	D	T	I	T	F	W
2ª	E	C	N	S	T	W	Z	E	S
3ª	T	W	S	P	I	J	P	Y	A
4ª	I	K	C	T	R	E	O	R	R
5ª	E	I	T	R	E	I	J	E	T
6ª	P	G	M	H	S	U	G	B	D
7ª	B	L	E	S	W	I	Y	R	C
8ª	W	D	F	G	R	T	Y	C	Q
9ª	H	D	E	Z	J	I	E	S	W

II. Comprensión escrita (15 puntos)

1. Relaciona las frases de cada columna. (3 p.)

a) Aunque te lo pida de rodillas,   1) debes comer algo.
b) Cuando os pongáis de acuerdo,   2) deberíamos acompañarla.
c) Aunque la paella esté fría,   3) no se lo digas.
d) Cuando quieras venir a vernos,   4) seguiremos hablando.
e) Aunque aún sea de día,   5) llámanos por teléfono.

2. Completa el texto con una palabra del recuadro. (3 p.)

| serán | ha nacido | se trata | comprar | ofrecen | empezar | recibida | están |

Los alimentos del futuro ya .... aquí. .... más fuertes y durarán más que los de ahora. Para ...., gracias al trabajo de investigación de la compañía norteamericana Calgene, ya .... el "Flavr Savr". .... de un tomate que parece normal, aunque de color rojo más intenso. Desde el pasado 18 de mayo, una vez .... la autorización oficial, los mercados del estado norteamericano de California .... al público la posibilidad de .... unos supertomates que siguen estando duros incluso después de muchos días.

3. Lee de nuevo el texto anterior y anota V (verdadero) o F (falso). (3 p.)

        V   F

a) Parece que estos supertomates alimentan más que los que tenemos ahora. ☐ ☐
b) Creo que tienen el mismo color que los tomates normales. ☐ ☐
c) No creo que estos tomates se diferencien mucho de los que conocemos. ☐ ☐
d) Dudo que estos tomates estén ya a la venta. ☐ ☐
e) Seguro que estos tomates duran más tiempo. ☐ ☐

4. Ordena las frases siguientes y reconstruye el texto original. (3 p.)

A partir del mes de octubre, los japoneses tendrán un
Además de la programación normal, los que tengan este aparato podrán seguir
nuevo servicio de radio para personas que no pueden oír.
las letras de las canciones y diversas informaciones complementarias.
UNA RADIO ESPECIAL PARA PERSONAS QUE NO PUEDEN OIR
en la que aparecerá por escrito lo que en ese momento se está oyendo por la radio.
Estos nuevos aparatos de radio llevan una pantalla de cristal líquido

5. Señala qué expresan las oraciones siguientes (hipótesis, certeza, posibilidad o duda). (3 p.)

a) Seguro que esta noche viene Raúl. ....
b) Es posible que tengan razón en lo que están diciendo. ....
c) Si nos hubiéramos ocupado más del problema, ahora no estaríamos así. ....
d) Dudo de lo que las nuevas tecnologías nos puedan traer. ....
e) Si tuviera poder, prohibiría los vertidos al mar. ....
f) Luis te invitará a su boda. ....

III. Expresión oral y escrita (25 puntos)

1. Escucha y responde a cada frase con una expresión de indiferencia, igualdad o discrepancia, según tu opinión. (5 p.)

a) ....

b) ....

c) ....

d) ....

e) ....

2. Escucha y completa estas frases. (5 p.)

a) ....

b) ....

c) ....

d) ....

e) ....

3. Lee tu horóscopo y expresa tus dudas u opiniones en lo que dice referente a... (5 p.)

a) la salud: ....
....
....

b) el dinero: ....
....

c) el amor: ....
....
....

d) el mejor día de la semana: ....
....

Salud: Semana ideal para el descanso y la vida amistosa o familiar. Recuerda, al viajar, que el martes 31 es peligroso para la carretera. Evítalo si puedes.
Dinero: Será bastante positiva en lo que a gastos se refiere, pues gastarás poco y además te invitarán.
Amor: La entrada del planeta Mercurio en el signo de Virgo, el día 26, te ofrecerá la posibilidad de tener éxito en la vida social y en el amor.
El mejor día de la semana: Domingo.

4. Escribe cinco hipótesis sobre lo que podría ocurrir si... (5 p.)

a) tomas demasiado el sol.
....

b) comes demasiado.
....

c) desaparece la selva amazónica.
....

d) disminuye la capa de ozono.

e) te quedaras sólo en casa durante las vacaciones de verano.
....

5. Redacta un anuncio de coches, utilizando las expresiones siguientes. (5 p.)

180 CV	ABS	aire acondicionado	2.600 c.c.	tecnología moderna
máxima seguridad		en tres y cinco puertas		radio con disco compacto

....
....
....
....
....
....

IV. Gramática y léxico (25 puntos)

1. Transforma las frases siguientes, empezando con la expresión que se indica. (5 p.)

a) Puedes ir a pie o en coche.
Da lo mismo que ....

b) Puede usted sentarse o quedarse de pie.
No importa que ....

c) Puede que mis palabras te convenzan o no.
Me da igual que ....

d) El libro puede ser bueno o malo.
Es igual que ....

e) Puede servir para estar en casa o para viajar.
Es igual que ....

2. Completa las frases concesivas siguientes. (5 p.)

a) Aunque venga, ...

b) Aunque no lo creas, ...

c) Aunque me lo regales, ...

d) Aunque sea verdad, ...

e) Aunque no me inviten, ...

3. Completa con la forma correcta del verbo entre paréntesis. (5 p.)

a) Quizás (*ser*) .... posible, pero tengo mis dudas.

b) Seguro que las cosas (*cambiar*) .... dentro de pocos días.

c) Tal vez (nosotros; *poder*) .... llegar a tiempo, si nos damos más prisa.

d) Si no (*haber*) .... sido talados todos los bosques, ahora tendríamos lluvia.

e) ¡Ojalá no (*haber*) .... cortado todos esos árboles!

4. Completa: ¿cómo se llama la persona que... (5 p.)

a) ... conduce?...

b) ... estudia? ....

c) ... presenta? ....

d) ... piensa? ....

e) ... escribe? ....

f) ... habla?...

g) ... limpia? ....

h) ... corre? ....

5. Elige la palabra correcta y completa estas expresiones/locuciones. (5 p.)

a) Ser un fuera de *serie/línea.*

b) Marcar la *indiferencia/diferencia.*

c) Estar equipado *con/por...*

d) Fotografía en *negro y blanco/blanco y negro.*

e) *Tener/obtener* suerte.

f) *Valer/costar* la pena.

No creo que sea posible

ÁREA TEMÁTICA: Aspectos de la sociedad.

APRENDERÁS A: Expresar posibilidad y negar la posibilidad de algo.
Expresar preferencias.
Identificar con **quien, el cual, la cual...**
Derivación de adjetivos en **-al.**

GRAMÁTICA: *Creo que* + indicativo. *No creo que* + subjuntivo.
Es probable/posible que + subjuntivo. *No es probable/posible que* + subjuntivo.
Quien, quienes, el/la cual, los/las cuales.

ORTOGRAFÍA Y PRONUNCIACIÓN: Triptongos: pronunciación y acentuación gráfica.

VARIANTES USUALES DEL LENGUAJE: Frases usuales (saludos, etc.).

TEXTOS: Fragmento de *Nuevas Memorias de Adriano* de A. Bryce Echenique.

1 Sitúate

1. ¿Qué opinas sobre las relaciones entre hombre y mujer o entre chico y chica? Completa esta encuesta.

	SI	NO
1. Cuando quiero salir de paseo, busco a un amigo del mismo sexo:	☐	☐
2. Para divertirme, busco la compañía de alguien del mismo sexo:	☐	☐
3. Si tengo que hacer trabajos de clase con alguien, llamo a un amigo del mismo sexo:	☐	☐
4. Nunca cuento mis cosas personales a un amigo que no sea del mismo sexo:	☐	☐
5. Suelo enfadarme más a menudo con personas del sexo contrario:	☐	☐
6. Mis mejores amigos son del mismo sexo que yo:	☐	☐
7. Entre los padres, siento preferencia por el del sexo opuesto:	☐	☐
8. Si tengo algún problema grave, pido ayuda a alguien del mismo sexo:	☐	☐

2. Lee esta encuesta, realizada entre hombres españoles.

1. **Tener un hijo es necesario para sentirse hombre:**
   De acuerdo: hombres menores de 40 años: 40%
   De acuerdo: hombres mayores de 40 años: 50%

2. **Si el hijo está enfermo, opino que yo no debo faltar al trabajo para llevar al hijo al médico; esto debe hacerlo la mujer:**
   De acuerdo: hombres mayores de 40 años: 60%

3. **Si el hijo está enfermo, es posible que yo falte al trabajo para llevar al hijo al médico; esto es una tarea de ambos, marido y mujer:**
   De acuerdo: hombres menores de 40 años: 70%

4. **Prefiero que las mujeres trabajen también fuera de casa y compartir los dos las tareas del hogar:**
   De acuerdo: hombres menores de 40 años: 60%
   De acuerdo: hombres entre 40-50 años: 30%

5. **Valoro más la fidelidad de la mujer que la tolerancia y el respeto mutuo:**
   Hombres mayores de 40 años: Sí
   Hombres menores de 40 años: No

3. En parejas:

a) Resumid lo que piensan los hombres mayores de 40 años sobre cada uno de los temas de la encuesta.

b) Anotad en qué se diferencian las opiniones de los hombres mayores de 40 años de quienes tienen menos de 40.

c) Leed vuestras conclusiones a la clase.

4. Leed el informe de una periodista sobre los datos de la encuesta anterior.

Hombres

Esas respuestas revelan, al menos sobre el papel, una frontera importante alrededor de los 40 años. En quienes aún no los han cumplido, se acentúa la tendencia a contar con la mujer. Quienes tienen entre 40 y 50 son víctimas de un despiste general más que de una crisis de valores: están conformes con su modelo masculino, aunque muchos reniegan del machismo, que apenas les sirve en un mundo en el que las mujeres piden otra cosa. Los varones de más de 50 años, por el contrario, viven sin conflictos el modelo tradicional y cuando se relacionan con mujeres más jóvenes no ocultan lo que son. De ahí la paradoja de que algunas mujeres prefieran antes a señores de 52 años que a "jóvenes" de 45. Los primeros están ya emocionalmente asentados y saben mejor lo que quieren. Los segundos aún están un poco "despistados".

Un profesor universitario

de 42 años, soltero, expresaba su opinión con estas palabras: «Creo que la igualdad en el campo laboral está muy bien, pero el énfasis en criticar al hombre en las relaciones personales ha llevado las cosas a un callejón sin salida. Creo que los hombres están desconcertados y las mujeres solas, esperando a su *príncipe azul*. Si tengo que elegir, prefiero que las cosas cambien, pero sin llegar a extremos.»

Otro hombre un poco más joven, amante del arte, veía las cosas de manera ligeramente diferente: «No creo que exista todavía un **nuevo hombre**. Pero opino que se está afianzando un nuevo modelo de mujer que ha llevado a una generación de hombres a ponerse a la defensiva. ¿Que tengo que decidirme por un modelo u otro de hombre? Pues no sé bien. Creo que preferiría el **nuevo hombre**, el que está por hacer, el todavía no existe».

5. Revisa el texto periodístico y anota:
- en qué concuerdan tus opiniones con las de esta periodista.
- en qué aspectos no compartes las opiniones de la periodista.
- qué aporta de nuevo el texto periodístico.

6. Busca en el texto anterior las palabras o expresiones que correspondan a estos significados.

1. No saben qué hacer o a qué atenerse.
2. Tener en cuenta.
3. He de tomar una decisión.
4. Desorientación total.
5. Prepararse para protegerse de/contra alguien.
6. No quieren saber nada de...
7. Se incrementa la inclinación (hacia algo/alguien).
8. Equilibrados en cuanto a los gustos y emociones.
9. Llevar algo a tal extremo o situación que no queda más que elegir lo que se propone.

2 ¡Adelante!

Gramática

> **Observa los tiempos verbales en frases afirmativas o negativas para expresar opiniones o puntos de vista (*Creer que...*), o en frases para expresar preferencia (*Preferir que...*)**
>
> *Creo que los hombres **están** desconcertados.*
> *No creo que **exista** todavía un nuevo hombre.*
>
> *Prefiero que las mujeres **trabajen** también fuera de casa.*

1. Niega estas afirmaciones.

1. Creo que es sincero en su opinión.
2. Creen que la igualdad llegará algún día.
3. Laura cree que sus ideas son muy modernas.
4. Mis amigos creen que piden lo que es necesario pedir.
5. Creemos que el nuevo modelo de mujer lleva a una mejora de las relaciones.
6. Creo que sabe lo que quiere.
7. Creo que todos los hombres reniegan del machismo.
8. Su mujer cree que dicen la verdad.

2. Completa estas frases.

1. En las actuales circunstancias preferimos que...
2. El periodista no cree que las mujeres casadas...
3. Leyendo sus respuestas, creo que este señor..
4. ¿Un hombre moderno? No creo que ....
5. En tal caso, ella prefiere que...
6. ¿Machista yo? No creo que ....

3. Lee y completa el texto con las palabras del recuadro.

por	utilizase	masculina	que	empieza	las	guapa
que	exclusivo	pensar	feo	opiniones		desodorante

España está considerada, dentro de la Unión Europea, como uno de los mercados con mayor potencial en el ámbito de la cosmética .... Aumenta cada día la preocupación del hombre español .... la higiene y el cuidado de su piel. Quienes mejor saben esto son las empresas de productos de belleza masculina. En un informe se revela ...... entre 1979 y 1989 los españoles han gastado diez veces más en productos de belleza masculina. Hace sólo unas décadas era impensable que el **macho hispánico** ...... en el aseo matinal algo tan normal hoy día como es el .... Era algo de uso .... por y para la mujer. Ocurría lo mismo con todas las cremas en general. El director de un importante grupo comercial cree que ahora el hombre español .... a utilizar cremas después del afeitado, pero no mucho más: aún las rechaza porque ..... considera *propias de la mujer*, idea que también comparten muchas mujeres. Sin embargo no existe ninguna razón para .... que la piel masculina no precisa de tantos cuidados como la piel femenina. Además, el hombre español gasta muy poco en cremas para la piel: sólo 1.000 pesetas, frente a las 6.000 .... gasta el francés, el italiano o el inglés, por ejemplo. Sin embargo el español gasta mucho más en alta perfumería, incluso más que sus colegas europeos. Y es que todavía quedan en el ambiente creencias y .... del pasado. Hay quienes prefieren al hombre .... y rudo y a la mujer .... y delicada. Las convicciones cambian lentamente.

4. En parejas:
Contestad con información del texto anterior.

1. ¿Para qué crees que sirve la cosmética masculina?
2. ¿Crees que el hombre debe usar cremas?
3. ¿Opinas que las cremas son exclusivas de la mujer?
4. ¿Crees que el hombre puede ser feo y no tener problemas para que las mujeres lo quieran?
5. ¿Consideras que el hombre no tiene que cuidar su piel como la mujer?
6. Los hombres españoles ¿gastan más ahora en productos de belleza?
7. ¿Crees que a las mujeres no les gusta que el hombre use cremas?

5. Explicad en vuestro idioma las siguientes palabras o expresiones, extraídas del texto anterior.

potencial	ámbito	décadas	después del afeitado	no precisa de
grupo comercial	empresa	hombre rudo	las convicciones	aseo matinal

6. En parejas:
Muchos adjetivos se forman añadiendo la terminación *-al* al nombre.
a) Haced una lista de todas las que encontréis en los textos de esta unidad:

norma > normal. *nación > nacional.*

b) Añadid a esa lista los adjetivos derivados de:

persona	sensación	fenómeno	bruto
fin	semana	potencia	paterno
primavera	otoño	flor	gramática

c) Añadid algún otro adjetivo en *-al* que recordéis y leed la lista completa a la clase.

Gramática

Recuerda: pronombres relativos

Quien, quienes: invariables para el masculino y el femenino.

El/la cual; los/las cuales: sustituyen a las formas anteriores si queremos diferenciar el masculino y el femenino.

7. Completa con *quien, quienes, el/la/lo que, los/las que*, según los casos.

1. Leticia es .... más destaca en casa y en la clase. .... la conocen dicen que es una muchacha alegre y agradable. Pero .... no la conocen afirman que es demasiado superficial. En la clase no es .... mejores notas tiene, pero algunas la envidian. .... está especialmente interesado en Leticia es Manuel. Manuel tiene un año más, pero la conoce desde que pasaron las vacaciones juntos.
2. .... más consumen agua de colonia son las mujeres. Los hombres gastan sólo un 20% del total.
3. .... revela esta encuesta es que gastamos mucho dinero para cuidar nuestro cuerpo.
4. .... no cuida de su cuerpo, ¿puede cuidar de su mente?
5. Ésta es la solución de .... tienen una mentalidad anticuada.
6. Cada cual gasta todo .... tiene.

3 En marcha

1. **a)** **Escucha este texto y señala cuál de las siguientes frases se ajusta mejor a la temática de lo que oyes.**

1. **Los fines de semana en familia.**
2. **Los gustos de los y las adolescentes.**
3. **¿Cómo son y qué opinan los quinceañeros y las quinceañeras?**

b) **Explica por qué.**

2. **Ahora escucha, lee y subraya en el texto lo que no coincide con lo que oyes.**

En España hay 3.273.681 adolescentes, es decir, chicos y chicas entre 12 y 16 años (cifras de 1992). Son una nueva generación, nacida en democracia, educada en democracia y con España dentro de la Unión Europea. En casa tienen todos los adelantos de la técnica con que la publicidad surte a las familias: televisores, videojuegos, equipos de música, discos compactos, vídeos, ordenadores, radiocasetes y ropa de marca. Además, reciben de sus padres una paga de fin de semana para sus propias necesidades o para divertirse con los amigos o amigas. No es una paga cualquiera: "Mis padres me dan 3.000

ptas. todos los fines de semana", dice Nuria, de 14 años.

"Yo gasto casi 5.000 ptas. todos los fines de semana, todo lo que me dan mis padres", dice Marta, de 15 años. "¿Que qué hago? Pues suelo ir al cine, tomo una hamburguesa con las amigas y amigos; en verano acostumbro a ir a la playa, compro algún disco nuevo y también algunos caramelos en el kiosko. A veces también ahorro para hacer algún regalo."

Durante la semana no salen de casa: están en el cole. Pero los sábados y domingos *toman la calle* en ruidosas pandillas o grupos. Hay discotecas y bares que están abiertos sólo para

ellos. María, Pepi y Leticia guardan el mejor de sus vestidos para salir los sábados: pantalones cortos, faldas ceñidas, vestidos largos... Toni y Alberto siempre van en vaqueros y con el pelo largo. A Toni le gustaría llevar coleta, pero no lo ha decidido aún; no cambiará. Alberto lleva un pendiente en la oreja y quizás también se haga una coleta con el pelo, "porque ésa es hoy la moda". Alberto tiene 15 años y estudia en una Escuela de Formación Profesional para ser electricista. No es probable que luego entre en la universidad. Quiere trabajar y ganar dinero cuanto antes. Sus aficiones no son excesivas.

3. **En parejas:**
Preguntad sobre lo sugerido y responded con información del texto.

1. Nuria recibe dinero / fines de semana:

   - *¿Cuánto dinero (le) dan los padres a Nuria cada fin de semana?*
   - *Sus padres le dan 3.000 ptas. cada fin de semana.*

2. Adolescentes en España / edad.

   ....

3. Marta / 15 años.

   ....

4. María, Pepi, Leticia / su vestuario.

   ....

5. Alberto / coleta en el pelo.

   ....

6. Marta / actividades en verano.

   ....

7. Toni / trabajar y ganar dinero.

   ....

8. Adolescentes / sábados y domingos.

   ....

4. **En grupos:**

a) **Resumid en pocas frases las características de los adolescentes españoles.**

b) **Resumid las características de los adolescentes en vuestro país, región o ciudad.**

c) **Comparad lo que tienen de común o en qué son diferentes.**

d) **Leed vuestras conclusiones a toda la clase.**

Gramática

Recuerda el uso de la forma de relativo *que*:

- *Hay discotecas **que** abren sólo para ellos.*
- *Tienen todos los aparatos de consumo **con que** la publicidad surte a las familias.*
- *Yo gasto todo **lo que** me dan mis padres.*

Pero *que* puede ser también conjunción:

- *No es probable **que** luego entre en la universidad.*
- *No es probable **que** cambie.*

5. En parejas:
Dialogad según el modelo.

A. - *Quiere cambiar.*
B. - *Es probable que cambie.*

1. Comen chucherías a todas horas.
2. Toni se hará una coleta en el pelo.
3. Mi amiga va al cine por la tarde.
4. Quiero trabajar con el ordenador.
5. Sus padres le comprarán un disco nuevo.
6. Desean pasar el verano en la playa.
7. Las dos amigas quieren estudiar en la universidad.
8. Juanito se divertirá con sus amigos y amigas.

6. En parejas:
a) Formad frases relacionando un elemento de cada columna.

1. Preferimos que
2. Alberto prefiere que
3. Todavía era posible que el director

4. Todos pensarán que
5. No creo que en esta ciudad

6. No existe razón para pensar que
7. De ahí que ahora
8. Todos los adolescentes prefieren que

a. le perdonase por no haber venido a clase.
b. nadie quiera llevar el pelo corto.
c. quien llegue primero reciba el premio inmediatamente.
d. los padres les dejen mayor libertad.
e. los domingos nadie le despierte antes de las 10 de la mañana.
f. gasto demasiado en chucherías.
g. los autobuses sean más baratos.
h. tus notas de fin de curso sean malas.

b) Comprobad vuestros resultados con los de vuestros compañeros/as.

7. **Pronunciación.**

a) En español es frecuente la unión de tres vocales en una sola sílaba formando triptongo. Los principales triptongos son:

iai: *vaciáis, limpiáis.*
iei: *copiéis, despreciéis.*
uai: *efectuáis, adecuáis.*
uei: *averigüéis, buey.*

Pero también pueden aparecer con frecuencia tres vocales juntas, la primera o última de las cuales está acentuada. En tal caso se habla de **hiatos**, que convierten a la secuencia vocálica en un diptongo + vocal, o viceversa:

decíais, discutíais.

b) Escucha y repite.

estudiéis, averigüéis, bueyes, Paraguay, variáis, limpiéis, desperdiciáis. cambiáis, despreciéis, limpiéis, Uruguay, acentuéis, acentuáis.

En busca de la palabra

Con la ayuda de un diccionario, si es necesario.

a) **Reconstruye cada palabra sustituyendo los puntos por _s_ o _x_.**

e..ilio   e..tremo
a..piración   e..pléndido
o..ígeno   e..igir
e..calar   e..pacio
e..treno   e..pontáneo
e..tupendo   e..píritu
hué..ped   ho..tal

b) **Reconstruye cada palabra sustituyendo lo puntos por _c_ o _cc_.**

acusa..ión   cole..ión
atra..ión   o..idente
radia..ión   calefa..ión
afi..ión   constru..ión
a..idente   compara..ión
cole..ión   sele..ión
ora..ión   infe..ión
indigna..ión   le..ión

Variantes usuales del lenguaje

Frases del lenguaje usual (saludos, etc.).

En España	En Hispanoamérica
- ¿Qué tal?, ¿cómo estás?	- Hola, ¿cómo estás?
- Voy tirando.	- Más o menos / Ahí vamos.
- Adiós, hasta pronto.	- Adiós, chao.
- Hasta pronto.	- Chao, adiós.
- Hasta luego.	- Hasta luego.
- Hasta luego.	- Nos vemos.
- Abra la ventana, por favor.	- Abra la ventana, por favor.
- Enseguida / Inmediatamente / Ahora mismo.	- Luego, luego / Ahorita mismo.
- ¿Está María?	- ¿Está María?
- Ahora no está (en casa...).	- No se encuentra en el momento.

Ya es casi un lugar común: "De haber nacido en México, Kafka habría sido un escritor costumbrista". Y, definitivamente, es ya casi un hecho consumado: de seguir yo en este país, terminaré completamente loco. Los González León somos inquietos y nerviosos de nacimiento, pero yo, Adriano, me he llevado siempre el primer premio en esto de meterme en situaciones como las que se han venido sucediendo desde que llegué a este país que tan orgullosamente exclama: "¡Como México no hay dos!". Felizmente, digo yo, en esta noche de insomnio en la que le agrego este nuevo capítulo a mis memorias, pero no con el fin de recordar, sino más bien para olvidar, más bien

para autoterapiarme mediante una escritura que, Dios lo quiera, logre liberarme del agudo proceso de neurosis que arrancó el día mismo de mi llegada a la capital de México. En fin, a ver si vuelvo a mi Venezuela querida ligeramente menos enloquecido de lo que estoy en esta nueva noche de insomnio.

Llegué hace sólo diez días, procedente de Caracas, y mi maleta se perdió. Yo no sé por qué esos estudiantes, que me vuelven loco con sus preguntas sobre mi obra literaria para unas tesis que luego oscurecen más todo lo que he escrito, no trabajan en cambio sobre las razones por las que yo siempre pierdo mi maleta. Bueno, pero minutos después, cuando yo iba a reclamar, divisé mi solitaria maleta al fondo de la sala de

recogida de equipajes. Casi me vuelvo loco al ver que ni el whisky que llevaba bebido lograba engañarme: yo había llegado en un vuelo directo procedente de Caracas y mi maleta apareció por donde salían los equipajes de un vuelo procedente de Londres. Corrí a la oficina de aduanas, tembloroso.

– Señor – dije –, ¿me puede usted explicar cómo y por qué si yo he llegado en un vuelo procedente de Caracas, mi maleta ha llegado de Londres?

– *Pos*, precisamente...

Recurrí al valium y tomé un taxi con rumbo a mi hotel. Treinta miligramos aún no lograban actuar contra aquel "Pos.... precisamente", cuando apareció una inmensa valla publicitaria a un lado de la autopista: "Beba usted cerveza Corona, la mejor cerveza de barril en botella". ¿Recurría nuevamente al valium o dejaba pasar esa valla y la daba por no vista? No, no había visto nada tan absurdo como lo que decía a todo color ese enorme anuncio publicitario. Pero bueno, empezó a repetirse cada kilómetro y no me quedó más remedio que preguntarle al taxista:

– Jefe, por favor...

– ¿Cómo dijo usted, señor...?

– Dije jefe, por favor...

– ¿Y dónde me vio usted las plumas?

– Bueno, así decimos nosotros. Sólo quise decirle señor.

– Bien. Ahora sí ya nos entendemos.

– ¿Podría usted explicarme por qué y cómo si la cerveza Corona es de barril, de pronto resulta siendo la mejor cerveza de botella?

– *Pos* es igual, *nomás* que diferente, señor.

Mi salvación definitivamente estaba en el hotel...

Nuevas Memorias de Adriano, Alfredo Bryce Echenique,
Diario *El País* del 23 de Julio de 1992, Madrid (España)

En mi opinión...

ÁREA TEMÁTICA: El debate público.

APRENDERÁS A: Expresar opinión, punto de vista.
Expresar conveniencia, adecuación a algo.

GRAMÁTICA: *Creo / Considero / Opino que...*
En mi opinión / Desde mi punto de vista.
Es posible / conveniente / adecuado que...
Vale la pena que...

ORTOGRAFÍA
Y PRONUNCIACIÓN: Grafía y pronunciación de ***h, k, que, qui.***

VARIANTES USUALES
DEL LENGUAJE: Expresiones propias del debate.
Expresiones de asentimiento.

TEXTOS: Fragmento de *El misterio de la cripta embrujada* de
Eduardo Mendoza.

1 . Sitúate

1. **Lee y anota: ¿Estás de acuerdo con estas afirmaciones?**

	SI	NO
1. Creo que los jóvenes y las jóvenes de hoy son muy tradicionales en sus ideas.	☐	☐
2. Pienso que la juventud ha perdido los ideales.	☐	☐
3. Opino que los jóvenes y las jóvenes sólo se preocupan de ganar dinero y pasárselo bien.	☐	☐
4. Creo que la juventud se interesa demasiado por las cuestiones políticas.	☐	☐
5. Creo que los jóvenes y las jóvenes de hoy son poco trabajadores.	☐	☐
6. Considero que las jóvenes y los jóvenes son víctimas de la sociedad en que viven.	☐	☐

2. **a) Escribe el resultado de la encuesta anterior en forma personal.**

Creo que los jóvenes de hoy son / se preocupan, etc.

b) Lee tu redacción a la clase.

c) Poned en común las opiniones de toda la clase y escribid un informe conjunto sobre los jóvenes y las jóvenes de hoy.

3. **Escuchad este debate.**

Amparo: ¡Claro que los jóvenes somos distintos! Somos diferentes porque queremos cambiar la sociedad. ¡Mira cómo están los políticos! ¡Da vergüenza! Corrupción, eso es lo que tiene la sociedad.

Alicia: Estoy de acuerdo con Amparo, pero sólo en parte. No hay que exagerar. Tampoco todos son corruptos. Aunque hay que pensar más en los demás, en los que pasan hambre, en los oprimidos. La solución está en la generosidad. Creo que tenemos que ser más solidarios, más generosos...

Pilar: Opino que la solidaridad y la generosidad han de empezar por nosotras mismas. Tenemos que respetarnos y ser serias. Sobre todo los chicos: los chicos no se toman nada en serio. En mi experiencia he notado que es imposible tener relaciones amistosas con los chicos sin que haya algo más de por medio.

Miguel: ¡No es verdad! ¡Es que las chicas siempre quieren lo mismo! ¡No piensan más que en casarse y por eso lo que quieren es atraparte! Por eso yo creo que es mejor divertirse y tomarse la vida más como diversión.

Alfredo: Lo que dice Miguel es una tontería. No es que las chicas quieran casarse, es que son egoístas, como los chicos. En mi opinión todos somos egoístas. Y sobre el hecho de que las chicas quieran casarse, una encuesta sobre la juventud española revela que el 63% de los jóvenes se casan por la iglesia. Luego todos, chicos y chicas, quieren casarse. Sólo que lo reflejan de manera diferente.

Amparo: Sigo pensando que la causa de todos los males sociales es la corrupción de los dirigentes. Si los gobernantes y los políticos diesen buen ejemplo, también podrían exigir lo mismo a la gente. Por eso hay que cambiar la sociedad de arriba abajo, totalmente.

Pilar: Creo que es muy fácil echar la culpa a los demás: que si los políticos son corruptos, que si los gobernantes son malos, que si los padres son unos dictadores... ¿Y vosotras? ¿Y tú? ¿Tú cómo eres? ¿Eres generosa y solidaria? No vale la pena discutir si la culpa se la echamos siempre a los otros.

Alfredo: Pilar tiene razón. Hay que ser generosos y solidarios. Además, creo que no todo es como dice Amparo. En una encuesta sobre los jóvenes españoles, 9 de cada 10 dicen que se sienten felices y contentos en su casa. Y 8 de cada 10 afirman que piensan de manera muy similar a sus padres. Luego no todo está tan mal.

4. **Leed los resultados de esta encuesta (jóvenes españoles entre 16 y 23 años) y anotad en qué coinciden o se diferencian las opiniones del texto anterior respecto a estos datos.**

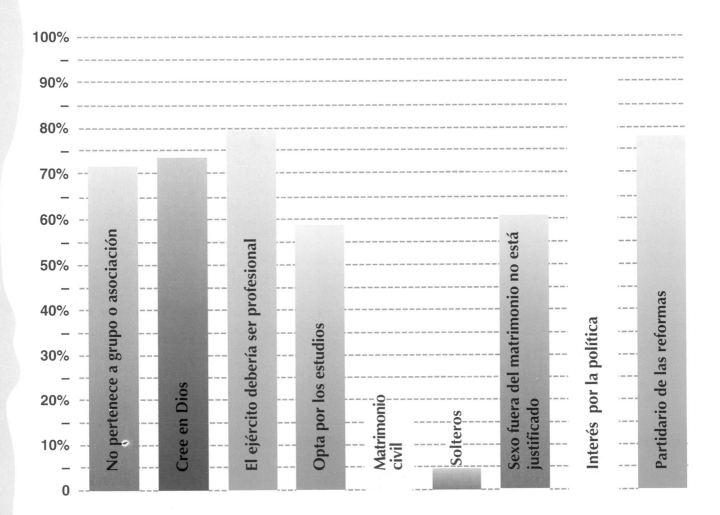

Se dice así

Para expresar una opinión o punto de vista

P: - ¿Qué opinas/opina usted de/sobre...?
¿Cuál es tu/su opinión sobre (la juventud)?

R: - En mi opinión...
- Desde mi punto de vista...
- Creo / Opino / Considero que...

5. Escribe cinco opiniones sobre los jóvenes españoles, según las encuestas anteriores, usando las expresiones del recuadro.

1. ....
2. ....
3. ....
4. ....
5. ....

6. En parejas:
Escribid cinco preguntas y cinco respuestas, usando los modelos del recuadro anterior, sobre estos temas.

a. Los gobernantes son como todos.
b. Los chicos son egoístas.
c. Los jóvenes se sienten felices en casa de sus padres.
d. Las chicas no siempre quieren casarse.
e. Los jóvenes son distintos y tienen que cambiar la sociedad.
f. Es muy fácil tener relaciones amistosas con los chicos.

1. ....
....
2. ....
....
3. ....
....
4. ....
....
5. ....
....

7. En parejas:
a) Subraya en el texto del ejercicio 3 las palabras o expresiones que no sepas. Búscalas en el diccionario y tradúcelas a tu idioma.

b) Pregunta esas mismas palabras a tu compañero/a y ayúdale en las dudas.

2 ¡Adelante!

1. Transforma según el modelo.

- *Los jóvenes son generosos.*
- *Creo que los jóvenes son generosos.*

1. Los adolescentes se sienten felices en casa de sus padres.
2. Siempre echan la culpa a los demás.
3. Los políticos deben dar buen ejemplo.
4. Los chicos no toman nada en serio.
5. Es difícil hacer amigos.
6. La solución está en la generosidad.
7. Lo que ellas quieren es divertirse.
8. Hay que ser solidarios.

Se dice así **Recuerda**

- *Es posible que sea verdad.*
- *¿Es conveniente que yo escriba en español?*
- *Es conveniente escribir en español.*

- *Vale la pena hacerlo bien.*
- *¡Claro que vale la pena hacerlo bien!*
- *Vale la pena que lo hagas bien.*

2. Dialogad según el modelo.

- *¿Opinas que tu experiencia es interesante?*
- *Sí, desde mi punto de vista mi experiencia es muy interesante.*

1. ¿Crees que muchos jóvenes se casan por la Iglesia?
2. ¿Consideras que la juventud de hoy es sana?
3. ¿Opinas que las chicas son más simpáticas que los chicos?
4. ¿Consideras que Pilar tiene razón?
5. ¿Crees que hay que cambiar la sociedad?
6. ¿Opinas que los chicos son muy egoístas?
7. ¿Crees que es verdad que 8 de cada 10 jóvenes piensan como sus padres?
8. ¿Crees que los jóvenes de hoy son distintos?

3. Completa con el verbo en el tiempo y forma adecuados.

1. Creo que no es verdad que todas las chicas ...... (*querer*) casarse.
2. Es conveniente ...... (*hacer*) encuestas para conocer la opinión de los jóvenes.
3. Es posible que los encuestados no siempre ...... (*decir*) la verdad.
4. Vale la pena que ...... (*dar*) la razón a Pilar.
5. No es conveniente que ...... (*pensar*) que todos los males se deben a los gobernantes.
6. Es conveniente .... (*aceptar*) las cosas como vienen.
7. Creo que no vale la pena .... (*casarse*) tan pronto.
8. ¿Es posible que se ...... (*casarse*) por la Iglesia tantas parejas?

4. Enfatiza estas afirmaciones.

- *Los jóvenes son generosos.*
- *¡Claro que los jóvenes son generosos!*

1. Los adolescentes son permisivos.
2. La mayoría elige lo que es útil.
3. La mayoría son creyentes.
4. Los jóvenes tienen mucho sentido común.
5. Lo que dices es verdad.
6. Los jóvenes de hoy son diferentes.
7. La juventud cree en la libertad.
8. Pensar eso es peligroso.

5. Completad el texto siguiente con la opción correcta.

	a)	b)	c)
1.	muestren	mostraran	muestran
2.	opinión	experiencia	punto de vista
3.	grande	mucha	enorme
4.	pequeña	por poca	muy poca
5.	tendrías	tuvieras	tengas
6.	vote	haya votado	votaría
7.	el cual	que	el que
8.	creen	creerán	crean
9.	quienes	los que	los cuales
10.	obligará	obligó	obligue
11.	concluye	concluiría	concluya

Los y las adolescentes españoles son permisivos, no son machistas y .... (1) una gran dosis de sentido común, según una encuesta realizada entre estudiantes de toda España, con edades comprendidas entre 14 y 19 años. En .... (2) del encuestador, la juventud no tiene .... (3) fe en los tres poderes del sistema democrático (el ejecutivo, el legislativo y el judicial) y .... (4) en los políticos y en la política. "Esto es realmente peligroso", -comenta el encuestador. Por ejemplo, a la pregunta de "Si .... (5) edad para votar, ¿por qué partido votarías?", el 50,7% eligió la siguiente respuesta: "Ninguno. No creo en la política ni en los políticos". De todos modos, sólo un 3,6% .... (6) a favor de una dictadura y sólo un 1,7 por un partido comunista. Entre las instituciones más apreciadas está la Iglesia, hecho .... (7) coincide con el 82% que dicen que .... (8) en Dios, aunque sólo un 51% cree en el cielo; más bajo es aún el porcentaje de los que creen en el infierno: un 23%. .... (9) practican la religión y sus normas sólo son uno de cada tres. La conclusión es, pues, que en lo religioso y en lo moral, los adolescentes son permisivos y complacientes: una mayoría elige lo que es útil para su propio bienestar, pero sin que ello le .... (10) a nada. En cuanto a las drogas, las opiniones son más satisfactorias: un 72% las rechaza y cree que "tomar drogas es siempre condenable". "En realidad, -........... (11) el encuestador- la encuesta revela que los adolescentes toman de las instituciones (Iglesia, familia) lo que les interesa y lo demás lo buscan en sus amigos y en los medios de comunicación."

6. Comprueba en el texto anterior si estas afirmaciones son correctas.

1. Menos de un 4% está a favor de la dictadura.
2. Los jóvenes españoles son mayoritariamente extremistas.
3. La juventud no parece creer mucho en la democracia.
4. Los jóvenes practican una religión *interesada*.
5. La mayoría de los jóvenes están en contra de las drogas.
6. La encuesta demuestra que la juventud es muy egoísta.

7. Responde con una frase condicional.

1. ¿Votas?   - *Votaría si tuviera edad para votar.*
2. ¿Haces deporte?   - ....
3. ¿Es peligroso pasear?   - ....
4. ¿Es tu opinión?   - ....
5. ¿Os interesa?   - ....
6. ¿Es posible hacerlo mejor?   - ....
7. ¿Es conveniente saber idiomas?   - ....
8. ¿Vale la pena tener amigos?   - ....

3 En marcha

1. Escucha y anota: ¿Cuántas preguntas hace el entrevistador?

2. Escucha de nuevo y anota cuántas veces oyes estas expresiones o palabras.

vale la pena .....   es posible .....   es conveniente .....
creo que .....   es adecuado .....

3. Escucha y lee esta entrevista.

Entrevistador: ¿Y usted nació en Cuba?
Entrevistado: No, yo nací ya en Estados Unidos.
                Mis padres emigraron de Cuba y se
                vinieron a Miami, como tantos
                otros cubanos.
Entrevistador: Entonces ¿por qué escribe usted
                sobre temas hispanos? ¿Vale la
                pena hacerlo?
Entrevistado: Sí, vale la pena. Creo que escribo
                sobre temas hispanos porque eso es
                lo que siento como necesidad vital.
                Me siento como rodeado por un
                muro y tengo necesidad de salir
                fuera, de atravesarlo y liberarme.
Entrevistador: ¿Cómo es posible que usted se libere
                hablando de la cultura latina en
                inglés y no escribiendo en español?
                ¿Cree usted que es adecuado?
Entrevistado: No sé si es adecuado o conveniente escribir en inglés para expresar algo latino. Pero así
                es, así me ocurre a mí. Mis padres preferían que yo hablara inglés cuando era niño. Para
                ellos hablar en español no era nada. Yo crecí en una casa en la que me hablaban en
                castellano y yo respondía en inglés. Mis padres creían que sólo así podría llegar lejos en
                la vida. De modo que pasé 10 o 15 años olvidando mi pasado. Pero ahora, de pronto, el
                pasado ha podido conmigo, me ha dado alcance y está frente a mí. Y creo que vale la
                pena.
Entrevistador: Y por eso ha recibido usted el premio más prestigioso de Estados Unidos.
Entrevistado: Sí, creo que sí, o al menos eso dicen. Creo que el premio es para una obra llena de
                nostalgia hacia el pasado, una obra que celebra la vitalidad de la cultura latina en
                Estados Unidos.
Entrevistador: El premio ha sido para una obra en inglés. ¿Piensa usted escribir también en español?
Entrevistado: Empiezo ahora y es posible que lo haga en el futuro. Todavía estoy perfeccionando el
                español. Pero he de decir que me he acercado a la cultura latina sobre todo a través de la
                música. La música aumenta lo que es el lenguaje para mí. Yo asocio la manera de ser
                latina a emociones interiores como generosidad, dulzura, cierta seriedad y cierta
                cualidad trágica y melancólica. Pero no sé si esto es positivo. Para la mayoría de los
                estadounidenses, ser latino es ser menos y pertenecer a un grupo específico. Creo que
                están acostumbrados a asociar nuestro trabajo no con arte, sino con etnología.

4. Observa las preguntas del entrevistador y hazlas tú de otra manera.

       Ejemplo: - ¿Y usted nació en Cuba?
                   - ¿Y es verdad que usted ha nacido en Cuba?
                   - ¿Ha nacido usted en Cuba?...

  1. ....
  2. ....
  3. ....
  4. ....

5. Dialogad en parejas, según el modelo.

- ¿**Te** has quedado en tu casa el fin de semana?
- Sí/No **me** he quedado en casa este fin de semana.

  1. Verte (los amigos/as).
  2. Sentirte a gusto con los compañeros/as.
  3. Encontrarte (ellos/as - a ti) en la calle.
  4. Acercarte a la cultura latina.
  5. Obligarte (tus padres) a estudiar.
  6. Acostumbrarte a comer poco.
  7. Saludarte (los compañeros/as de trabajo) por la mañana.
  8. Darte el premio.

Se dice así

Observa el uso y valor de *me*

a) Como reflexivo:
   - *Me siento como rodeado por un muro.*
   -*Me he acercado más a la cultura latina.*

b) Como complemento indirecto:
   - *En casa me hablaban en castellano.*

c) Como objeto directo:
   - *El pasado me ha dado alcance.*

6. En parejas:
Completad estas frases (encontraréis otras similares en el texto de la entrevista anterior).

  1. Mis padres me decían que yo ..... inglés cuando todavía era niño.
  2. Eso es precisamente ... . siento cuando escribo.
  3. Así pasé más de diez años, ... mi pasado.
  4. Mis padres vinieron a Estados Unidos para trabajar, como .... emigrantes.
  5. ¿Cree usted que .... escribir en inglés y pensar como un latino?
  6. Era una obra llena .... nostalgia hacia el pasado.
  7. ... siento dentro de un muro y tengo necesidad de liberar... .

7. Ortografía y pronunciación.

a) - La **h** nunca se pronuncia en español, tanto si es inicial como si es intermedia:
     hora, deshacer, búho.

   - La **k** tiene siempre valor de [k], pero comparte esta pronunciación con las secuencias *ca, co, cu* y *que, qui*:
     kilo, quilo, cazar, cosa, acunar, quedar.

b) **Escucha y repite.**

    hablar, hay que, cocinar, cuchara, cocodrilo, causa, enhorabuena, quehacer, buscar, cuerpo, kilómetro, cada, chico, cambiar, conclusión, kurdo, encuesta, cultura, cacique.

En busca de la palabra

Consulta el diccionario y explica qué añaden al significado los siguientes sufijos o terminaciones.

bueno + -azo/a:	buenazo/a		**comedia + -grafo**:	comediógrafo
ojos + -azos:	ojazos		**boli- + grafo**:	bolígrafo
mano + -azas:	manazas		**tele-+ grafo**:	telégrafo
barca + -aza:	barcaza			
silla + ón:	sillón		**de- + forme**:	deforme
silla + -azo:	sillazo		**multi- + forme**:	multiforme
ladrón + -azo:	ladronazo		**uni- + forme**:	uniforme
morena + -aza:	morenaza		**campani- + forme**:	campaniforme

Variantes usuales del lenguaje

Expresiones y fórmulas para el debate.

En España	En Ecuador

- Para pedir la palabra:

¿Puedo intervenir?	*¿Puedo intervenir?*
¿Me permite usted...?	*¿Me permite usted...?*
¿Puedo decir algo?	*¿Puedo decir algo?*
¿Puedo decir lo que pienso?	*¿Puedo hablar?*

- Para responder afirmativamente:

En efecto.	*Ya.*
Efectivamente.	*Sí.*
Así es.	*Así es.*
Naturalmente.	*Naturalmente.*
Con mucho gusto.	*Con mucho gusto.*
Sin duda.	*No hay duda.*
Tiene usted razón.	*Tiene usted razón.*

- Respuesta afirmativa atenuada:

Me parece que sí.	*Claro.*
Creo que sí.	*Creo que sí.*
Es casi seguro que...	*Es casi seguro que...*
Yo diría que sí.	*Yo diría que sí.*
Aseguraría que sí.	*Aseguraría que sí.*

La pobre Cándida ahogó un grito.

– No te asustes, Cándida -dije yo cerrando la puerta a nuestras espaldas-, que no te hará nada.

– ¿Qué hace aquí este fulano? -murmuró mi hermana con voz queda, como si temiera que el sueco pudiera oírnos-, ¿por qué está tan serio y tan quieto?

– A la segunda pregunta puedo responder sin vacilar. En cuanto a la primera, mi ignorancia es absoluta, salvo que puedo asegurarte que no ha venido por su propio pie. ¿Sabía él tu domicilio?

– No, ¿cómo iba a saberlo?

– Podías habérselo dado.

– Nunca a un cliente. ¿Y si estuviera...? - señaló al sueco con aprensión.

– Indispuesto, en efecto. Vámonos antes de que sea demasiado tarde.

Ya lo era. Apenas pronunciadas estas palabras, sonaron golpes contundentes en la puerta y una voz varonil bramó:

– ¡Policía! ¡Abran o derribamos la puerta!

Frase que demuestra el mal uso que hacen de las conjunciones nuestras fuerzas del orden, ya que, a la par que tal decían, procedieron los policías en número de tres, un inspector de paisano y dos números uniformados, a derribar la endeble puerta, a entrar en tromba blandiendo porras y pistolas y a exclamar casi al unísono:

– ¡No *moversus*! ¡Quedáis ustedes *deteníos*!

Términos inequívocos ante los que optamos por obedecer levantando los brazos hasta que los dedos quedaron atrapados en las telarañas que a manera de baldaquín pendían de las vigas. Viendo nuestra actitud sumisa, los dos números procedieron a registrar el humilde domicilio de mi pobre hermana haciendo añicos con sus porras la vajilla y desencolando a puntapiés el mobiliario, mientras el inspector, con una sonrisa que dejaba al descubierto muelas de oro, nos exigía que nos identificáramos con esta fórmula:

– ¡Identificarse, cabrones!

El misterio de la cripta embrujada,
Eduardo Mendoza (España)

Si no hubiera sido por...

ÁREA TEMÁTICA: El futuro de las naciones hispanoamericanas.

APRENDERÁS A: Expresar condicionalidad, concesión; hacer referencia a hechos reales o no experimentados.
Establecer relaciones temporales entre secuencias oracionales.
Enunciar hechos o acciones posibles (potenciales).
Disculparse o expresar disculpa.
Asentir, expresar acuerdo.

GRAMÁTICA: Uso del indicativo o subjuntivo (*Si / En caso de que*, etc.).
Correlación de tiempos verbales en oraciones complejas (*Si existe... es / Si existiera... sería...*).
Lo siento (mucho); Me sabe mal, pero...; Es una pena...; Me gustaría/encantaría (ayudarte) pero...
¡Cómo no!; ¡Faltaba/faltaría más!; Con mucho gusto; Por supuesto.

ORTOGRAFÍA Y PRONUNCIACIÓN: Grafía y pronunciación de **x, ch,** y **ll.**

VARIANTES USUALES DEL LENGUAJE: Alimentos y comidas: términos propios de España y de Hispanoamérica.

TEXTOS: Fragmento de *Como agua para chocolate*, de Laura Esquivel.

1 Sitúate

1. En grupos:

a) ¿Qué sabéis sobre los países de habla hispana?
Aportad vuestras ideas sobre sus problemas, sus características positivas, sus ventajas o atractivos, etc.

Ejemplos:
- Guerras, terremotos...
- Recursos, bosques...
- Parques naturales, vida animal...
- Vida natural y al aire libre...
- Pobreza, hambre...

b) Haced una lista ordenada con todas las ideas del grupo.

2. Leed y escuchad el texto.

Las naciones latinoamericanas son muy diferentes entre sí, pero tienen un pasado común, problemas parecidos y, posiblemente, un futuro compartido. Todas ellas tienen enormes riquezas naturales, pero también grandes necesidades sociales. En el contexto internacional, todas son consideradas pobres, subdesarrolladas y dependientes. Todas sufren de excesiva desigualdad social y económica, de paro, de burocracia, de degradación ambiental, de deuda externa y de militarismo. Y todos los países tienen a su lado a la nación más poderosa del mundo, Estados Unidos, interesada en las riquezas naturales y en una mano de obra abundante y barata.

A pesar de que tienen muchos intereses en común y aunque se enfrentan a problemas similares, las naciones hispanoamericanas siguen en la actualidad tan desunidas como a comienzos del siglo pasado. Si bien es verdad que sus habitantes hablan el mismo idioma, no es menos cierto que "se entienden" bastante mal. O, al menos, no se relacionan mucho entre sí. Puesto que de la desunión nace la debilidad para afrontar los problemas, ¿por qué no se ha formado aún una Alianza Iberoamericana (AI) similar a la Unión Europea (UE)?

Si existiese una AI, la situación sería muy diferente. En primer lugar, podría evitarse la re-colonización, esta vez por parte de los Estados Unidos del Norte. En segundo lugar, y a consecuencia de lo anterior, los estados hispanoamericanos serían independientes y podrían dedicarse a su propio desarrollo, en colaboración con América del Norte y con las antiguas naciones colonizadoras, España y Portugal, ahora integradas en la UE. No se trataría de la creación de un organismo burocrático más, sino de la construcción de un nuevo bloque económico, político y cultural: el iberoamericano. La AI sería un mercado común, tendría una Constitución básica común y contaría con acuerdos regionales e internacionales que facilitarían la integración económica, política y cultural. España y Portugal serían el enlace de la AI con la UE.

¿Que no sería fácil lograr la unión iberoamericana? Claro que no. Exigiría esfuerzo, tiempo y buena voluntad. Aunque el proyecto sea ambicioso, es realista. Y vale la pena trabajar por conseguirlo, poco a poco, porque, como diría el poeta Antonio Machado, "se hace camino al andar".

3. En grupos:

a) Leed de nuevo el texto anterior y anotad los aspectos positivos de una "Alianza Iberoamericana".

b) Comunicad vuestras conclusiones al resto de los compañeros/as.

4. En grupos:

a) Buscad en el texto anterior las siguientes palabras y explicad su significado en español (con sinónimos o frases).

diferentes	enormes (riquezas)	sufren de	se enfrentan a	enlace
siguen en	a comienzos del...	al menos	buena voluntad	desunión
evitarse	(de la) creación...	acuerdos	facilitarían	

Gramática

Algunas partículas adverbiales admiten el uso del verbo en indicativo o en subjuntivo:

a) - *A pesar de que tienen muchos intereses en común....*
   - *Aunque se enfrentan a problemas similares...*

b) - *A pesar de que tengan muchos intereses en común....*
   - *Aunque se enfrenten a problemas similares...*

En a) (*indicativo*) **se constata una realidad o experiencia.**
En b) (*subjuntivo*) **se hace referencia a hechos no experimentados y no reales.**
La referencia a acciones no reales puede hacerse también con el uso del condicional:

   - *La AI sería un mercado común...*

Otras partículas no admiten más que el uso del indicativo porque se refieren a hechos experimentados por el hablante:

   - *Si bien es verdad que sus habitantes hablan el mismo idioma...*
   - *Puesto que de la desunión nace la debilidad...*

5. En parejas:

a) Revisad el texto anterior y subrayad las frases en las que se exprese posibilidad o se haga referencia a hechos/acciones no realizadas o no experimentadas.

b) Comparad vuestros resultados con los de vuestros/as compañeros/as y comunicadlos a la clase.

6. Completa estas frases, relacionadas con el texto del ejercicio 2.

1. La Alianza Iberoamericana .... un mercado común.
2. .... una Constitución básica común.
3. .... con acuerdos regionales e internacionales.
4. .... la integración económica, política y cultural.
5. El proyecto .... esfuerzo, tiempo y buena voluntad.
6. Si .... una Alianza Iberoamericana, la situación .... muy diferente.

¡Adelante!

2

1. **Completa las siguientes oraciones con los verbos entre paréntesis en la forma adecuada.**

1. Aunque hay muchas diferencias sociales, Iberoamérica (*tener*) .... un brillante futuro.
2. A pesar de que Argentina tenga buenas relaciones con Brasil, la cooperación entre los dos países (*poder*) .... ser mayor.
3. Aunque España y Portugal fueron las naciones colonizadoras, (*poder*) .... contribuir aún al desarrollo de Latinoamérica.
4. Aunque el proyecto exija esfuerzo y tiempo, no (*existir*) .... razón para no llevarlo a cabo.
5. Aunque muchos países hablen la misma lengua, no (*parecer*) .... que se entiendan entre ellos.
6. Puesto que las riquezas naturales son muy importantes, (*convenir*) .... controlar su explotación.

Gramática

Las oraciones condicionales pueden llevar el verbo en indicativo o en subjuntivo

a) Se usa el indicativo si nos referimos a un hecho o acción presentados como muy posibles, pero no reales:

- *Si todos los países **se unen**, **aumentará** el bienestar.*

b) Se usa el subjuntivo si nos referimos a un hecho o acción menos posible:

- *Si **existiese** la Alianza Iberoamericana, la situación **sería** muy diferente.*

NOTA: En las oraciones condicionales con *si*, esta partícula no puede ir seguida por los tiempos de futuro, de condicional o de presente de subjuntivo (sería incorrecto decir, por ejemplo: *Si todos los países se unirán/se unirían/se unan...*).

2. **Relaciona los elementos de cada columna.**

1. Si vienes a verme
2. Si te escribo a menudo
3. Si compraras más libros
4. Si estuvieses de acuerdo
5. Si Laura se fuera antes a dormir
6. Si el país estuviera mejor organizado
7. Si visitaras Centroamérica
8. Si se organizara la AI

a) nadie pasaría hambre.
b) serías más instruido.
c) entenderías por qué hay tantos problemas sociales.
d) quédate unos días con nosotros.
e) todas las naciones hispanas saldrían ganando.
f) espero que me contestes.
g) estaría más descansada por la mañana.
h) podríamos iniciar el proyecto.

3. **Completa las siguientes frases.**

1. Si tuviera más tiempo libre, ...
2. Si hubiera menos fronteras en el mundo, ...
3. Si no gastases tanto, ...
4. Si dedicaran más tiempo al estudio, ...
5. Si nos levantáramos antes, ...
6. Si estuvieses de acuerdo con el proyecto, ...
7. Si todos hablasen el mismo idioma, ...
8. Si todos luchásemos por la paz, ...

Se dice así

Se puede expresar condicionalidad con varia[...]
además de *si*, pero algunas exigen el uso [...]
que, en caso de que, siempre que, a menos [...]

- **Dado que:**   *Dado que aún eres joven, puedes jugar al fútbo[...]*
- **Con tal de que:**   *Te lo diré, con tal de que no lo comentes con nadie.*
- **En caso de que:**   *En caso de que vaya a México, probaré los tacos.*
- **Siempre que:**   *Iría a ayudar a los más pobres, siempre que la salud me lo per[...]*
- **A menos que:**   *Iremos juntos, a menos que nos lo prohíba la familia.*

4. En parejas:
Dialogad utilizando partículas condicionales, según el modelo.

    A: *En caso de que fueras a Panamá, ¿cómo viajarías?*
    B: *Viajaría en barco / en avión.*

1. (tener una casa en la playa)
2. (saber cinco idiomas)
3. (visitar la selva amazónica)
4. (visitar las pirámides aztecas)
5. (estar solo en el Polo Sur)
6. (dormir la siesta todos los días)
7. (pasar las vacaciones en España)
8. (escribir un informe sobre Latinoamérica)

5. En grupos:
Leed y ordenad adecuadamente los párrafos del siguiente texto, de acuerdo con el significado del conjunto.

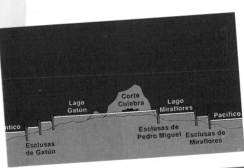

En la construcción del canal trabajaron 34.000 hombres y muchas máquinas.

Si bien los franceses trabajaron durante varios años, las dificultades económicas y las enfermedades tropicales no les permitieron terminar el canal.

Antes de que se construyese este canal, los barcos debían recorrer 16.000 km y pasar por el cabo de Tierra de Fuego, en el sur de Argentina. Después de que este canal se acabase, la distancia entre los dos océanos sería sólo de 80 km.

Cada día pasan por el canal unos 34 barcos. Si no hubiese canal, la travesía duraría varios días. Con el canal la travesía dura solamente nueve horas.

Panamá se separó de Colombia y en 1903 firmó un tratado con los Estados Unidos para construir un canal interoceánico. Si Estados Unidos no hubiese estado interesado, probablemente el canal no existiría. El canal de Panamá se acabó en 1914 y costó 387 millones de dólares.

La idea de unir los dos océanos, el Atlántico y el Pacífico, ya la tuvo el rey Carlos V, en 1534, poco después de que Colón descubriese América.

Si no hubiera sido por una compañía francesa, no se habría iniciado el proyecto, trescientos años después. Fernando Lesseps, que dirigió la obra, había construido ya el canal de Suez.

6. En grupos:
a) Revisad el texto anterior después de ordenarlo y subrayad las frases construidas con formas de subjuntivo.

b) Traducidlas a vuestro idioma y comparad el uso de tiempos verbales en ambas lenguas.

.pos:
Clasificad las festividades del recuadro anterior:

- de carácter histórico.
- de carácter religioso.
- de tipo folclórico.

b) **Comparad la lista de fiestas de Ecuador con las de vuestro país:**
- ¿Cuántas fechas y fiestas coinciden?
- ¿Cuántas son propias de Ecuador o de vuestro país? ¿Podéis explicar por qué?
- Comentadlo con el resto de la clase.

7. **Ortografía y pronunciación.**

a) **Anota.**
- La **x** equivale, en la pronunciación, a dos consonantes (ks):

    exacto, exceso, flexible, sexto.

nota: En México, las palabras referidas a ciudades o pueblosla **x** se pronuncia como **j** [x], aunque conservan la grafía **x:**

    México, Oaxaca.

- La **ch** se pronuncia como si fuese una sola consonante, con el valor [tʃ]:

    ocho, chino, coche, chamaco.

- La **ll** también se pronuncia como si fuese una sola consonante, con el valor [λ]:

    ella, llanura, llover, llevar.

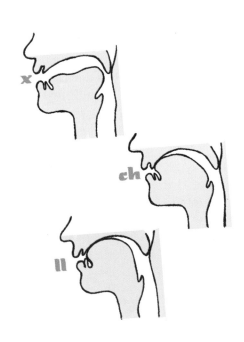

b) **Escucha y repite:**

    llave, llorar, muchacho, sexto, coche, llenar, lluvia, mexicano, noche, examen, extranjero, ficha, excelente, llamar, texto, millón, echar, chamaco, exactamente, máximo, sello, hecho, silla, exterior, anillo, mucho, hallar, muchacha, lleno.

En busca de la palabra

a) Este es el significado que aportan cada uno de los siguientes prefijos en español:

per-	de un lado a otro, completamente
re-	de nuevo
retro-	hacia atrás
ultra-	más allá
ab-, abs-	apartamiento, distancia (de algo)
des-	separado, que ha cesado o acabado
omni-	todo
ex-	fuera de
circun-	alrededor de
infra-	por debajo de
archi-	muy, sobradamente

b) Con la información anterior, explica el significado de las siguientes palabras.

archiconocido	omnipresente
retroceso	abstinencia
perforación	exportar
infravalorar	ultraconservadora
reformar	neoliberal
desactivar	archifamosa
extraer	ultrasonido
omnipotente	absorber
(leche) desnatada	desmontar

Variantes usuales del lenguaje

Alimentos y comidas. Términos propios de:

España

- Infusión
- Torta de maíz
- Filete
- Huevo
- Maíz tostado
- Huevo pasado por agua
- Menú
- Maíz
- Melocotón
- Fresa/fresón
- Tomate
- Pastelito
- Escalope de ternera empanado
- Maíz cocido
- Merienda
- Carne asada sobre piedras calientes
- Huevos fritos
- Perrito caliente
- Patata
- Tapas
- Salsa picante
- Café con leche
- Pollo asado
- Torta de harina de maíz rellena
- Carne salada
- Torta de harina de maíz

Hispanoamérica

- Agüita (Ch)
- Arepa (Col/Ven)
- Bife (Arg/Bol/Ch/Ur)
- Blanquillo
- Cancha (Ch/Col/Pe)
- Huevo a la copa (Ch/Pe)
- Comida corrida (Ch/Méx)
- Choclo (Arg/Bol/Col/Ec/Pe); - milpa (Méx)
- Durazno
- Frutilla (Arg/Ch/Ec/Ur)
- Jitomate (Méx)
- Masa (Arg)
- Milanesa (Arg)
- Nixtamal (Méx)
- Onces
- Pachamanca (Bol/Pe)
- Paila (Ch)
- Pancho (Arg)
- Papa
- Pasapalos (Méx/Ven); - Ingredientes (Arg)
- Pebre (Ch); Picante (Bol/Ch/Ec/Pe)
- Perico (Col)
- Pollo rostizado (Méx)
- Taco (Méx)
- Tasajo
- Tortilla (Méx)

Se desprenden con mucho cuidado los pétalos de las rosas, procurando no pincharse los dedos, pues aparte de que es muy doloroso (el piquete), los pétalos pueden quedar impregnados de sangre y esto, aparte de alterar el sabor del platillo, puede provocar reacciones químicas, por demás peligrosas.

Pero Tita era incapaz de recordar este pequeño detalle ante la intensa emoción que experimentaba al recibir un ramo de rosas, de manos de Pedro. Era la primera emoción profunda que sentía desde el día de la boda de su hermana, cuando escuchó la declaración del amor que Pedro sentía por ella y que trataba de ocultar a los ojos de los demás. Mamá Elena, con esa rapidez y agudeza de pensamiento que tenía, sospechaba lo que podría pasar si Pedro y Tita tenían oportunidad de estar a solas. Por tanto, haciendo gala de asombrosas artes de prestidigitación, hasta ahora se las había ingeniado de maravilla para ocultar al uno de los ojos y el alcance del otro. Pero se le escapó un minúsculo detalle: la muerte de Nacha. Tita era entre todas las mujeres de la

casa la más capacitada para ocupar el puesto vacante de la cocinera, y ahí escapaban de su riguroso control los sabores, los olores, las texturas y lo que éstas pudieran provocar.

Tita era el último eslabón de una cadena de cocineras que desde la época prehispánica se habían transmitido los secretos de la cocina de generación en generación y estaba considerada como la mejor exponente de este maravilloso arte, el arte culinario. Por tanto su nombramiento como cocinera oficial del rancho fue muy bien recibido por todo el mundo. Tita aceptó el cargo con agrado, a pesar de la pena que sentía por la ausencia de Nacha.

Como agua para chocolate,
Laura Esquivel (México).

Unidad de revisión
y autoevaluación

Puntuación:
I. Comprensión oral: 15
II. Comprensión escrita: 15
III. Expresión oral y escrita: 25
IV. Gramática y léxico: 25
Total 80

I. Comprensión oral (15 puntos)

1. Escucha y señala las frases que oyes. (3 p.)

a) 1. Creo que los jóvenes son más activos.
   2. Creo que los jóvenes serán más activos.
   3. No creo que lo jóvenes sean más activos.

b) 1. Desde mi punto de vista son demasiado jóvenes para casarse.
   2. Desde mi punto de vista creo que no deberían casarse.
   3. Desde mi punto de vista deben

c) 1. Vale la pena que lo hagas bien.
   2. Vale la pena hacerlo bien.
   3. Vale la pena leerlo bien.

d) 1. Considero que estás en el error.
   2. Considero que es un gran error.
   3. Considero que es un grave error.

e) 1. En mi opinión deberías hacerle caso a tu novia.
   2. En mi opinión no le hagas caso a tu novia.
   3. En mi opinión tendrías que hacerle caso a tu novia.

2. Escucha y señala la frase que mejor resume el texto. (3 p.)

a) En Estados Unidos disminuye el inglés como lengua de todos.
b) La cultura hispana entra con fuerza en los Estados Unidos.
c) El gran éxito del cine español en los Estados Unidos.

3. Escucha de nuevo la grabación anterior y anota V (verdadero) o F (falso). (3 p.)

	V	F
a) En EEUU hay cada vez más hablantes hispanos.	☐	☐
b) A los americanos no les preocupa la expansión de la cultura hispana.	☐	☐
c) Los productores de cine sólo hacen películas típicamente americanas.	☐	☐
d) La actriz Rosie Pérez es americana pero nació en Sevilla.	☐	☐

4. Escucha los siguientes resultados de una encuesta realizada a jóvenes españoles, compáralos con los datos siguientes y corrige los posibles errores. (3 p.)

a) El 75% no cree en Dios.
b) El 62,5% prefiere estudiar a trabajar.
c) El 3,7% opina que es mejor no casarse.
d) El 86% considera que hacer el servicio militar es una pérdida de tiempo.
e) El 34,8% opina que debería haber nuevas elecciones.

5. Escucha y completa estas frases. (3 p.)

a) Si viene a verme ....
b) Si estuvieras de acuerdo conmigo ....
c) Si hablaras con él ....
d) Si fueras más amable ....
e) Si pasaras más tiempo en casa ....

II. Comprensión escrita (15 puntos)

1. Lee la noticia siguiente y anota V (verdadero) o F (falso). (3 p.)

Torrevieja: Cómo conservar la naturaleza

Las "lagunas de Torrevieja" aparecen en varios libros internacionales sobre zonas húmedas y medio ambiente como lugar que vale la pena visitar. Sin embargo, la gran cantidad de pisos, chalets, etc., que se están construyendo en esta zona turística pone en peligro su conservación en un futuro próximo. Lo mismo ocurre con las lagunas de La Mata, entre Guardamar del Segura y Torrevieja. En total son 3.700 hectáreas que en los últimos años han cambiado mucho y hacen difícil que las aves y plantas de la zona puedan seguir viviendo normalmente. Sería necesario controlar las construcciones para que las casas no ocupen el lugar de las aguas y zonas verdes.

V F

a) Los actuales planes de construcción son un peligro para el medio ambiente de la zona. ☐ ☐

b) La laguna de La Mata no ha sufrido ningún daño hasta el momento. ☐ ☐

c) Las aves son las grandes perdedoras en esta zona. ☐ ☐

d) El gobierno de la región ha decidido actuar para conservar este lugar. ☐ ☐

2. Relaciona las frases de cada columna. (3 p.)

a) A pesar de que son muy amigos

b) Aunque tengas razón

c) En caso de que vayas a Argentina

d) Puesto que no llegaste a tiempo

e) Dado que aún falta una hora para que empiece la película,

1) ¿por qué no tomamos algo?

2) escucha lo que te voy a decir.

3) tuve que irme sin ti.

4) prueba la carne a la parrilla.

5) siempre están discutiendo.

3. Lee estos tres horóscopos y señala cuál de los tres es el más positivo. (3 p.)

a)

ACUARIO
Recibirás muchas alegrías de tus amigos pero te sorprenderán algunas reacciones de personas que están muy cerca de ti. ¡Cuidado! Por otro lado, tendrás grandes deseos de viajar y de aprender, pero no tendrás suerte.

b)

LIBRA
Semana ideal para el descanso y la vida amistosa o familiar. Si estás solo/a y tienes ocasión vete unos días a algún lugar desconocido: el amor te espera. Estás en una fase muy interesante. Además, juega a la lotería, es muy posible que la suerte sea tu gran amiga.

c)

TAURO
Entras en un período en el que tendrás mucha energía. Esto te ayudará a hacer frente a todos los problemas. Sé fuerte y decidido/a. No tengas miedo. Los planetas indican una clara mejora para la semana que viene, en lo que se refiere a dinero y amor.

5. Completa con *dice* o *dijo*. (3 p.)

a) .... que la televisión no ofrece nada interesante.

b) .... que esto no es verdad.

c) .... que hacía demasiado frío para salir a la calle.

d) .... que no hay posibilidad de ver ese programa.

e) .... que la encuesta había sido realizada en todo el país.

4. Reconstruye el diálogo ordenando estas frases. (3 p.)

A: *Sí. Vamos a ver.*

A: *Estupendo. ¿Y si nos vamos a cenar antes de entrar al cine?*

A: *Es una buena idea. ¿Qué vamos a ver?*

A: *Es sólo un minuto. Me cambio de zapatos y me pongo una chaqueta.*

B: *¿Te apetece ir al cine esta noche?*

B: *De acuerdo. Prepárate. No deberíamos llegar tarde.*

B: *Podemos ir a ver "Belle époque". Me han dicho que está muy bien. Empieza a las diez.*

B: *No sé qué están poniendo ahora. ¿Tienes un periódico?*

III. Expresión oral y escrita (25 puntos)

1. Escucha y responde a las preguntas. (5 p.)

a) ....
b) ....
c) ....
d) ....
e) ....

2. Escucha y contesta con una expresión de asentimiento o de acuerdo. (5 p.)

a) ....
b) ....
c) ....
d) ....
e) ....

3. Completa estas frases de disculpa. (5 p.)

a) Me encantaría ayudarte, pero ....
b) Lo siento mucho, pero ....
c) Es una pena, pero ....
d) Me sabe mal, pero ....
e) Me gustaría estar contigo, pero ....

4. Lee el texto siguiente, resúmelo en una frase y ponle un título. (5 p.)

> Los nuevos avances tecnológicos están pensados para hacer más fácil y confortable la vida en sociedad. Sin embargo, en no pocas ocasiones, la realidad no es así. Si no, intente leer las primeras páginas de un manual de instrucciones de un teléfono; es para llorar.
>
> El texto es un ir y venir entre el español y el inglés, en donde uno nunca está seguro de qué idioma está leyendo o qué diccionario debe utilizar: ¿uno español, uno inglés o, mejor, uno español-inglés / inglés-español?
>
> En fin, si usted es capaz de entender y recordar este *"spanglish"* tecnológico durante más de diez minutos, entonces es usted la persona ideal para trabajar con ordenadores o para participar en un concurso de juegos.

RESUMEN: ....
....
TÍTULO: ....

5. Lee de nuevo el texto anterior y contesta a estas preguntas. (5 p.)

a) ¿Son realmente tan difíciles de leer y entender estos manuales?

....
....
....

b) ¿Qué opinas de esa mezcla de español con inglés técnico?

....
....
....

IV. Gramática y léxico (25 puntos)

1. Transforma estas frases en negativas. (5 p.)

a) Creo que es una persona muy atenta.
No creo que ....

b) Manuel cree que estás sentada en su sitio.
....

c) Creen que llevamos razón.
....

d) Mis tíos creen que tengo veinte años.
....

e) Creo que sabes muy bien lo que quieres.
....

2. Completa con *qué, quién, cuál, que, quien* o *cual*. (5 p.)

a) ¡.......... película más interesante!

b) ¿.......... es? -Abre, soy Luis.

c) ¿Quieres .... te lo repita?

d) Ése es Paco, y ésta, a .... ya conoces, es María.

e) ¿.......... de estos señores es Don Ramón?

3. Completa con la preposición más adecuada. (5 p.)

a) Soy un gran aficionado .... la música.

b) El Barcelona juega hoy .... el Deportivo de la Coruña.

c) Estoy haciendo esto sólo .... ti.

d) Estos regalos son .... mi novia.

e) Debemos actuar .... que nadie lo sepa.

4. Busca una palabra para cada definición. (5 p.)

a) Cortarse la barba y el bigote ....

b) Gastar completamente algo ....

c) Recorrer una distancia a pie ....

d) No conocer ....

e) Decir cosas que aclaran una situación, problema, etc. ....

f) Poner en libertad a alguien ....

g) Hacer que algo no sea visto o notado ....

h) Mejorar una cosa ....

i) Tener de nuevo una cosa que estaba perdida ....

j) Dar a una persona la instrucción necesaria para poderse integrar en la sociedad ....

5. Escribe un derivado añadiendo un sufijo. (5 p.)

a) afición .... f) atmósfera ....

b) aconsejar .... g) café ....

c) agrado .... h) lluvia ....

d) amable .... i) importar ....

e) asociar .... j) pereza ....

APÉNDICE DE TEXTOS

Solucionario de los textos que aparecen incompletos en las unidades señaladas.

UNIDAD 1.

I.2.

a)

Francisca nació hace 18 años, en Almería, al sur de España y junto al mar. Ha empezado a estudiar Ciencias Económicas en la universidad. Ahora es ya toda una mujer: es alta, morena, de ojos negros, cabello largo y mirada dulce. Viste unos pantalones vaqueros y un jersey. Lleva unos pendientes de plata, un anillo que parece de oro y un par de pulseras. Su cara redonda, su piel morena y su pequeña nariz la hacen aún más guapa. En pocas palabras: Francisca es una chica preciosa.

b)

Fernando ha cumplido ya 19 años. Es camarero y su vida detrás del mostrador le encanta: en su trabajo conoce a todo tipo de personas, guapas y feas, de izquierdas y de derechas. Él es fuerte y bastante alto: mide 1,75 m. Lleva el pelo corto (dice que no le gusta dejarse el pelo largo), es moreno de cara, de ojos verdosos y pequeños, boca grande y cara alargada y delgada. Le gusta vestir de camarero: chaqueta blanca y pantalón negro.

UNIDAD 2.

II.6.

Peligro en las playas

Las playas del norte de España y de Francia no son seguras en estos momentos. El gobierno está empezando a preocuparse: miles de detonadores van apareciendo por las playas y no parece que el peligro vaya a desaparecer en pocos días. Los fuertes vientos están arrastrando hacia la orilla multitud de artefactos explosivos, y las autoridades están cortando el acceso a playas y acantilados para evitar posibles accidentes. En las costas francesas ya se están recogiendo muchos restos de toda clase, entre ellos más de 5.000 detonadores. En el norte de España el gobierno está empezando también a preocuparse y ya se han cerrado al público las playas de algunas ciudades, como San Sebastián.

UNIDAD 3.

II. 2.

Es la última noche del año. Todos están contentos, se organizan fiestas en muchos lugares, y muchas familias están reunidas y celebran haber llegado al final de año. Es un año más.

- La vida sigue igual, pero las cosas están cada día más caras.
- Sí, claro. No hay nada barato. Pero así es la vida. Todos nos quejamos, todos están insatisfechos de la vida, pero todos están alegres de seguir vivos.
En aquella casa no había luz. Yo estaba tranquilo, pero nervioso. No veía nada. Era la primera vez que me encontraba solo y a oscuras. Era verano; hacía calor; tenía dinero en mi bolsillo. Yo, sin embargo, no sabía por qué estaba en aquella casa a las 12 de la noche.

III. 7. Pronunciación y acento:

agudas	llanas	esdrújulas
razón	tenemos	número
beber	gorda	física
también	contrario	arquitectónico

unidad	vivienda	incómodo
país	pantalones	cómpralo
leyó	montañosas	océano
		bárbaro

UNIDAD 4.

II.4.

Muchos la critican, algunos la odian, todos la aman cuando la conocen: es la **siesta**. La siesta, que es típicamente española, se practica también en otros países mediterráneos. No todos los países o regiones son adecuados para la siesta. Lo que exige y supone la siesta es calor. Sin un sol que caliente mucho y bien, la siesta no tiene sentido. Durante mucho tiempo se ha criticado la siesta porque se asociaba a la pereza, a la falta de espíritu de trabajo. Pero las cosas no son tan simples: en un país que tiene clima frío, echar una siesta después de comer no es habitual. Sin embargo, en una región calurosa, ¿quién es capaz de trabajar en el campo a mediodía, con 35º o 40º centígrados? Ése es el origen de la siesta y no la pereza. Las investigaciones médicas han añadido algo positivo a la costumbre de echar la siesta: media hora de descanso después de comer ayuda a evitar el infarto, mejora el estado de ánimo y aumenta luego la productividad en el trabajo. Lo que era criticado pronto será apreciado. Y es que las costumbres populares responden a menudo a necesidades vitales. Pero atención: los médicos aconsejan que la siesta no se prolongue durante más de 30 minutos.

UNIDAD DE REVISIÓN Y AUTOEVALUACIÓN (1-4)

I. Comprensión oral

1. Escucha y completa.
TEXTO GRABADO:
Roberto nació hace 17 años en Medellín, Colombia. Es estudiante de bachillerato. Él es muy delgado, pero también alto; mide casi dos metros. Su deporte favorito es el baloncesto. Lleva el pelo muy corto, es rubio, con ojos azules, boca pequeña y cara alargada y bastante delgada.

2. Escucha y señala las expresiones que oigas.
TEXTO GRABADO:
A: *¿Te acuerdas de cómo era todo esto? ¡Qué desastre!*
B: *Claro que sí. Todo estaba verde, lleno de árboles y en el lago había vida.*
A: *Ya no queda nada de aquello. Desde que hicieron la fábrica de productos químicos, este lugar se ha convertido en un verdadero basurero. ¡Cuánta porquería! El lago está seco, sin vida, apenas quedan árboles. ¡Qué barbaridad! ¿A dónde vamos a llegar? Sabes, creo que hay que hacer algo enseguida, ¿no crees?*
B: *¿Tienes alguna idea?*
A: *Pues mira...*

3. Escucha y anota V (verdadero) o F (falso).
TEXTO GRABADO:
Rosario: *Tienes razón. Tengo que cuidarme más y mejor.*
Irene: *Te vengo diciendo ya hace algún tiempo, Rosario, que dejes de fumar tanto y que no trabajes tantas horas.*
Rosario: *Bueno, pero si dejo el tabaco, me pongo muy nerviosa y no puedo concentrarme en el trabajo.*
Irene: *¿Por qué no intentas hacer un poco de ejercicio físico?*

Rosario: *¿Quieres decir hacer deporte? Estás loca. No me imagino sobre una bici o corriendo por los parques.*

Irene: *Ah, ¿no? Entonces, ¿cómo quieres cuidarte más y mejor?*

Rosario: *Mira, conozco una cafetería donde podemos discutir esto mejor y con más calma. ¡Vamos!*

4. Escucha lo que dice Antonio y contesta a las preguntas.

TEXTO GRABADO:

Hace unos años trabajaba muchísimo. Me pasaba doce horas en la oficina. Como no tenía tiempo para ir a casa a comer, me tomaba un bocadillo y varios cafés al día. Algunas veces iba a un bar, que está enfrente de la oficina, y me tomaba una hamburguesa. Además, solía fumar casi dos paquetes de cigarrillos al día y apenas hacía deporte. Estaba todo el día cansado, de mal humor y con dolor de cabeza. Me sentía mal, hasta que fui al médico. Éste me dijo que hiciera algo de ejercicio y que no fumase.

Ahora trabajo menos, como fruta y verdura y he dejado de fumar. Lo cierto es que me siento muy bien.

5. Escucha y señala el recuadro que corresponde al texto siguiente.

TEXTO GRABADO:

... ¿Sabéis lo que opinan las españolas sobre la profesión que les gustaría para sus maridos?

Es muy interesante. La mayoría de la mujeres prefieren maridos médicos o abogados. La profesión menos deseada por las mujeres es la de profesor. Es importante también la preferencia por directores de empresa, escritores, actores y deportistas, por este orden. Sólo al 5% de las mujeres españolas les gustaría casarse con hombres dedicados a la política.

II. Comprensión escrita

5. Ordena el texto siguiente.

Solución:

La ciudad de México fue fundada en el año 1176 por los aztecas, con el nombre de Tenochtitlán.

De 1517 a 1521 fue destruida por los españoles, dirigidos por Hernán Cortés, y más tarde sería la capital de la Nueva España.

Al separarse México de España en 1824, la ciudad de México fue elegida capital de la República.

III. Expresión oral y escrita

1. Escucha y responde a las preguntas.

TEXTO GRABADO:

a) *¿Es posible contaminar menos los mares y ríos?*
b) *¿Qué haces para conservar tu salud?*
c) *¿Has visitado México alguna vez?*

UNIDAD 5.

I. 2.

El hombre ha vivido hasta el presente sin preocuparse por el lugar en que habitaba, la Tierra. Hemos pensado que los árboles nunca se acababan, que los bosques eran infinitos, que el oxígeno del aire estaría siempre allí en abundancia, que nuestro planeta Tierra tenía de todo y para todos. Pero la realidad no es así. ¿Queremos que haya árboles? Pues tenemos que plantar más árboles y cortar menos. ¿Deseamos que los bosques no se agoten? Pues hemos de cuidar los bosques. ¿Necesitamos que el oxígeno no se acabe para poder respirar? Pues entonces hay que contaminar menos el aire. ¿Somos conscientes de que en los diez últimos años la Tierra ha perdido el 10% de las selvas tropicales? Los científicos afirman que cada año se destruyen unos 17 millones de hectáreas de bos-

ques. Si seguimos con este ritmo de destrucción, en 100 años los grandes espacios verdes desaparecerán.

Hoy sabemos que si desaparecen los bosques no solamente perdemos árboles. La falta de árboles hace que cambie el clima, que se produzca menos oxígeno y que se rompa el ciclo de las lluvias. Estos cambios, a su vez, dan lugar a otros. El más importante es que desaparecen formas de vida, aunque muchas de ellas sean desconocidas, no estén aún estudiadas o no hayan sido descubiertas.

La vida sobre nuestro planeta forma un todo equilibrado. Si se rompe el equilibrio global, todo el sistema puede destruirse. La desaparición de animales y plantas afectará a ese equilibrio. Por ejemplo, de las 250.000 plantas conocidas, 160.000 están en los bosques tropicales. Y de todas las aves del mundo, una quinta parte vive en estos mismos bosques tropicales. En ellos habita también el 90% de los monos y primates. Ya solamente queda la mitad de las selvas que había en la Tierra. Los continentes más afectados por la pérdida han sido América (Brasil, Perú, Venezuela, el Caribe, México), África (Zaire) y el sur de Asia (Indonesia). ¿Queremos que el hombre siga sobre la tierra? En tal caso tenemos que cuidar de nuestro planeta.

II. 5.

Es posible que en el mundo queden unas 9.000 especies de aves. Si contásemos todas las que vuelan por los aires, quizás habría unos 50.000 millones de pájaros de todo tipo y tamaño. Quizás a todos nos gusten los pájaros, ninguno es realmente peligroso para el hombre. Probablemente alguien piense que hay muchos pájaros. No es verdad: si los pudiésemos repartir entre los seres humanos, nos tocarían diez pájaros por persona. Sólo en España hay unos seiscientos millones de aves, de cuatrocientas especies diferentes. ¿Has calculado los que habrá en las selvas amazónicas? Pues bien: pedimos que los pájaros sigan ahí, que sean respetados, que sea posible convivir con ellos. El planeta será más hermoso con pájaros que sin ellos.

UNIDAD 6.

II. 5

La situación ha empezado a cambiar: el 30% de los afiliados a la Asociación de Jóvenes Empresarios (AJE) son mujeres. De este porcentaje, el 2% tiene menos de 20 años y el 50% está entre los 20 y los 30. La mujer joven ha dejado de ser ya inexperta o aficionada. Tienen muchas cosas en su contra; la mayoría ha empezado su negocio con préstamos del Banco o con ayuda de la familia. Muchas son hijas de empresarios y conocen de cerca lo que es una empresa. Pero han recibido poca o ninguna ayuda de sus padres, excepto buenos consejos y apoyo moral.

Aurora tiene 22 años. Comenzó su negocio a los 19. Había trabajado de recepcionista en un hotel. Luego pidió ayudas estatales para fundar una empresa de mensajería. En tres años ha creado 14 empleos y factura ya más de 40 millones de pesetas. Sara tiene 30 años y es licenciada en Derecho. Creó una empresa para distribuir regalos y este año facturó más de 50 millones de pesetas. "Durante mi carrera trabajé como guía turístico. Luego me coloqué en una empresa dedicada a preparar regalos. Y ahora aquí me tienes, con mi propio negocio, con dos empleados en la casa y nueve vendedores por toda España".

III. 2.

Isabel Partierra, actriz de 25 años, famosa y con muchos enamorados de sus películas, responde:

Pregunta: Tus películas te han hecho famosa. ¿Qué es lo que más influirá en ti a la hora de votar por un partido político?

Respuesta: Muchas cosas. Una de ellas se refiere al cine. Mi voto dependerá en gran parte de lo que cada partido haga respecto al cine.

P. ¿Influirá en tu voto el hecho de ser mujer?

R. No. Eso es una tontería. Mi voto es un voto serio y no depende de si soy hombre o mujer. ¿Y el tuyo?

P. El mío también es serio, claro. ¿A qué partido votarás?

R. El voto es secreto, ¿no? Pero todavía no lo he decidido.

P. ¿Y quién crees que va a ganar?

R. Tampoco lo sé, no soy adivina. Es posible que gane un partido de derechas, aunque esto sería una sorpresa.

P. ¿Eres de derechas o de izquierdas?

R. No se pueden limitar las cosas a "izquierdas" y "derechas". Esta división ya no existe o no es clara para la gente.

P. Entonces, ¿cómo definirías tu voto?

R. El mío será un voto "racional y razonable", ni de derechas, ni de izquierdas, ni de centro.

UNIDAD 7.

II.5.

Entrar en la selva peruana es duro, pero interesante. Lo más difícil no es remar en una **barca**, a no más de ocho kilómetros por hora; lo peor son los mosquitos y el calor. La selva es tan grande, tan solitaria que **puede pasar** una semana sin encontrar a ningún ser humano. En la selva virgen **es posible** observar la vida de la naturaleza con toda su fuerza: se pueden sorprender monos, pájaros, serpientes, caimanes... Y si alguien no tiene cuidado, algunos animales **le sorprenderán y matarán**. En esta selva es difícil morirse de sed (hay fuentes y ríos en abundancia), pero **es posible** morirse de hambre. En la expedición de Humboldt (1759), los hombres llegaron a pasar **mucha** hambre **y** tuvieron que comer hormigas y cacao seco para sobrevivir. Cazar es difícil: es preciso hacerlo de noche y **es necesario** conocer muy bien la zona. Si se desea pescar, **hay que** tener en cuenta que las pirañas están al acecho para cortar el hilo y comerse el cebo.

UNIDAD 8

III.1.

Felicidades por adquirir el aparato *Regata 1000*, uno de los modelos de la gama *Ventura*. Puede usted instalarlo en la oficina o en casa. Este manual le ayudará a obtener todas las ventajas que ofrece.

El *Regata 1000* le permitirá hacer llamadas con total fiabilidad y claridad. Necesita usted solamente enchufar el aparato a la línea telefónica, poner una pila alcalina de 9 V. en el lugar señalado, descolgar el auricular, esperar tono y... ¡Ya puede usted marcar el número deseado!

Sin pila, la pantalla visualizadora no funciona, aunque es posible hacer y recibir llamadas normalmente.

UNIDAD DE REVISIÓN Y AUTOEVALUACIÓN (5-8)

I. Comprensión oral

1. Escucha y elige el título más apropiado:
TEXTO GRABADO:

De las 250.000 especies de plantas que conocemos, unas 160.000 se encuentran en los bosques tropicales. El 40% de todas nuestras medicinas proceden de ellas.

Los indios de la selva de la zona norte del Amazonas utili-

zan más de 1.000 especies de plantas para tratar sus enfermedades. En el resto del mundo, y especialmente como medicina, los indígenas conocen más de 3.000 especies diferentes. Sin embargo, ya sólo queda el 50% de los bosques tropicales.

2. Anota con letras las cantidades que se mencionan.
TEXTO GRABADO:

Andorra está a 622 km de Madrid, 220 de Barcelona y 153 de Lérida.

La única carretera que lleva a Andorra desde España es la carretera 145.

El Hotel Plaza es el más lujoso de Andorra; cuesta entre 14.000 y 18.000 ptas la habitación doble por noche.

Para más información llamar a la Oficina de Turismo del Principado de Andorra 9-7-3-8 2-0-2-1-4.

3. Escucha y anota V (verdadero) o F (falso).
TEXTO GRABADO:

El Empire State Building no fue el primer "rascacielos", pero sí el más alto del país, con sus 381 metros de altura. Chesterton decía que la palabra "rascacielos" es por sí misma una típica mentira americana, y, aunque muchos relacionan el origen de estos gigantescos edificios con el hecho de que Manhattan sea una isla, sin otro terreno para extenderse que el que conduce hacia el cielo, el primer rascacielos no se construyó en Nueva York sino en Chicago, el Talcoma Building. Fue allí también donde se levantó el edificio que dejó al Empire sin su corona, la Sears Tower, de 442 metros de altura. Y más tarde fueron las Torres Gemelas, con sus 412 metros, las que quitaron al Empire el segundo lugar, quedando éste en un tercer puesto.

4. Escucha y anota qué cambios de alimentación suelen introducirse en verano.
TEXTO GRABADO:

Tanto en invierno como en verano es necesario seguir una alimentación variada y tomar alimentos de todas las clases:
- leche y productos lácteos
- carnes, pescados y huevos
- cereales y legumbres.

Pero dado que los alimentos se pueden combinar de muy variadas maneras para conseguir una alimentación sana, es lógico que durante los meses de calor consumamos más productos del tiempo, con mejor sabor y precio más bajo.

También es lógico aumentar el consumo de alimentos como las frutas, las ensaladas, los helados..., pero siempre evitando cambios bruscos en la alimentación.

5. Escucha y señala qué objeto no se nombra en la grabación.
TEXTO GRABADO:
Artículos fabricados a mano:
Alfombra en forma de perro, 4.000 ptas. El 23.
Sillón de cuero, 5.000 ptas., en Cayetana y Maite.
Bolsa de viaje, de algodón 100%, muy resistente, 4.200 ptas., en Coronel Tapioca.
Zapatos, 6.500 ptas., en La Tuya.
Pendientes de oro, 12.000 ptas., en Mediometro.
Sombreros, 3.000 ptas., en Zurbarán 16.

II. Comprensión escrita

3. Ordena los párrafos siguientes hasta obtener el relato original. Solución:

Para los pequeños mineros de Guayana, Las Claritas es, desde hace muchos años, la capital de los buscadores de oro. A este lugar llegan aquellos que, en sus sueños, buscan ser ricos. Buscan éstos las historias y esos cuentos en los que los héroes encuentran mucho oro y que pasan de unos a otros. En

Las Claritas, en los años ochenta, todos vivían de una estación de servicio, donde los mineros compraban gasolina, y de un hotel-restaurante.

III. Expresión oral y escrita

1. Escucha y responde a las preguntas, según tu opinión.
TEXTO GRABADO:
- *¿Qué dicen los científicos de la capa de ozono?*
- *¿Es posible que la falta de árboles produzca algún cambio? ¿Cuál?*
- *¿Consideras positivas las acciones de Greenpeace?*

2. Escucha las situaciones siguientes y da consejos/instrucciones adecuados.
TEXTO GRABADO:
- *¿Qué debo hacer para tomar el sol sin peligro?*
- *¿Qué no debo hacer al pasear por un parque o jardín?*
- *¿Qué tengo que hacer para mantenerme en forma?*
- *¿Qué he de hacer antes de salir de casa?*

5. Escucha, calcula las cantidades y escríbelas en letras.
TEXTO GRABADO:
- *Ciento dos, más mil quinientos veinte.*
- *Doce mil dos cientos tres, menos dos mil doscientos cuatro.*
- *Trece, más dos mi,l menos mil ochocientos setenta y tres.*

UNIDAD 9.

II. 3.

Más allá de los sentidos están las sensaciones. La sensación de controlar una máquina <u>tecnológicamente</u> perfecta. La sensación de seguridad que proporciona llevar las riendas de un motor V6. Con un simple botón es posible controlar <u>tanto</u> la velocidad <u>como</u> la amortiguación. De <u>igual</u> manera se puede controlar la altura de la carrocería, según las condiciones de la carretera y su <u>propio estilo</u> de conducir. Y en el interior, el silencio. ¿Ruidos en el exterior? <u>Da igual</u>: el silencio dentro de un "Revol" sólo se rompe con la música de su compact disc. No se preocupe usted por nada: el ordenador de a bordo lo controla todo periódicamente, <u>desde</u> el ABS y la dirección asistida <u>hasta</u> el cierre de las puertas. El "Revol" es diferente porque es algo más que una simple máquina para desplazarse: es una sensación, <u>como la que se siente</u> al sentarse sobre cuero y nogal, al regular electrónicamente el asiento, al percibir el frescor de una climatización independiente para cada pasajero. "Revol" <u>no es lo mismo</u>. Acérquese a verlo y se convencerá.

III.2.

Antes podía imaginarse una fracción de segundo. Ahora puede verla.

Final de los 100 metros lisos de los Terceros Campeonatos Mundiales de Atletismo. Nuevo récord. Y sólo 6 centésimas de segundo separaron a los 4 primeros atletas. Una vez más, la tecnología de "Redig" marcó la diferencia. El estreno de nuestro Vídeo 1000 HD, capaz de medir hasta milésimas de segundo, introdujo el cronometraje deportivo en una nueva era con la precisión y velocidad de un fuera de serie.

Tecnología que usted puede vestir en su muñeca gracias al extraordinario cronógrafo de "Redig", nuestra última innovación. Con cronómetro, segundero y cronoesfera mide incrementos de centésimas de segundo utilizando la más pura tradición analógica. Un reloj de pulsera diseñado para ofrecer elegancia y resistencia. Por eso está equipado con una exclusiva caja deportiva sumergible hasta una presión de 15 bares.

Si es usted joven, no se preocupe: "Redig" está concebido para durar toda la vida; siempre será igual, pero siempre será diferente. Desde luego nunca será lo mismo llevar un "Redig" en su muñeca. Cuando el tiempo es lo esencial, importa mucho contar con "Redig". En realidad "Redig" es lo único que importa.

UNIDAD 10

II.4.

"¿Éste es tu primo gachupín?", preguntó a Xóchitl un muchacho que trabajaba en la tortillería de al lado.
"No le hagas caso, Juan. Son unos majaderos." Y empujó a su primo hacia el interior de la casa. En la casa esperaban don Pancho y doña Eduviges, padres de Xóchitl, quienes lo recibieron con un par de abrazos y con la mesa servida de exquisitas garnachas y antojitos. Juan se sentó a la mesa, aunque todavía no había tenido ni tiempo ni ocasión de expresar palabra alguna. Más por cortesía que por ganas, se llevó a la boca un delicioso tlacoyo de frijoles, adornado con crema, cebollita picada, queso rallado y salsa verde. Juan había leído y oído mucho sobre lo picantes que eran las comidas mexicanas. Pero nunca había podido imaginarse la realidad: el picor del tlacoyo hizo que la piel de su cabeza comenzase a sudar, a la vez que vapores y sofocos comenzaron a brotarle de sus orejas. Xóchitl, que no dejaba de observarle y mirarle a la cara, no pudo contener una sonrisa maliciosa, aunque se atrevió a decirle que no se preocupara, que no era nada, que la comida mexicana era así de picante... Y ella misma se comió otro tlacoyo, sin que diera muestras de que el picante le afectara en lo más mínimo. Cuando llegó la hora de irse a dormir, Juan Pérez se sintió aliviado; aunque empezó a sospechar que la experiencia mexicana solamente acababa de empezar...

UNIDAD 11

II.4.

"Coge el teléfono, Marta, que yo no puedo ponerme. Estoy en el baño."
Ésta será, en el futuro próximo, la disculpa más habitual que todos utilizaremos para no ponernos al teléfono cuando llame un amigo o amiga, un desconocido o alguien con quien no nos interese hablar. Según afirman las empresas de telecomunicaciones, se empezará a implantar muy pronto en los hogares el **videoteléfono**. Cuando queramos hablar con alguien, no solamente oiremos su voz, sino que también veremos su cara, sus gestos, sus ojos... Dudo que el empleado quiera hablar con su jefe si ese día está enfadado. Tendrá que dar alguna disculpa para no hablar, si no está seguro de poder poner buena cara ante la pantalla del videoteléfono. Estoy seguro de que el joven enamorado ofrecerá su mejor sonrisa a la novia que desee verlo antes de irse a descansar. Los anuncios de teléfonos no se referirán a la calidad de la voz ("Clara como el cristal...") sino a la calidad de la imagen. "Mírame cuando te hable", dirá la madre al hijo o el novio a la novia, o el padre a la hija. Seguro que el teléfono pasará pronto a la historia. No es de extrañar que la imagen con voz reemplace a la voz sin imagen.

UNIDAD 12.

II. 4.

¿Es posible controlar el clima? Quizás en el futuro el hombre sea capaz de controlar las variaciones climáticas. Pero por el momento esto es imposible. Conocemos bastantes cosas sobre el comportamiento de los fenómenos naturales (el viento, las corrientes, las nubes, etc.), pero no sabemos cómo se combinan e interaccionan todos esos elementos en el conjunto. Los fenómenos que intervienen en los cambios climáticos son muchos y complejos. Si el sistema funcionara de modo "lineal", no sería difícil controlar las variables que acaban produciendo un cambio de clima. Pero la realidad no es así. Hoy podemos predecir el clima de una región limitada con 10 o 12 días de antelación. Pero nada más. Podemos también calcular los valores medios del clima en todo el planeta en períodos grandes de tiempo (por ejemplo durante los cien próximos años). Ahí acaban nuestras posibilidades. Es posible cambiar un factor climático, pero si lo hiciéramos, no sabríamos qué vendría después. Tal vez fuera posible introducir cambios o condicionar la entrada de la radiación solar en la Tierra, pero si así fuera, desconoceríamos las reacciones que este cambio produciría en relación con los demás elementos que contribuyen a cambiar el clima. Es decir, no sabemos qué ocurriría. Quizás los efectos fueran positivos. Pero ¿y si fueran negativos o perjudiciales para el planeta Tierra y para quienes vivimos en él?

UNIDAD DE REVISIÓN Y AUTOEVALUACIÓN (9-12)

I. Comprensión oral

1. **Escucha y anota de qué artículo se trata.**
   TEXTO GRABADO:
   Descubre ahora lo más avanzado en protección solar, ideal incluso para las pieles más sensibles.
   Las nuevas cremas solares de CREMÍN, además de la doble protección, llevan también en su fórmula un sistema que forma una capa natural, la cual, sin llegar a entrar en la piel, protege tu cuerpo contra los rayos solares.

2. **Escucha y anota V (verdadero) o F (falso).**
   TEXTO GRABADO:
   ¿Cómo serán los coches del año 2000?
   Probablemente estemos hablando de coches que no contaminarán. Coches que producirán vapor de agua u oxígeno o que funcionarán con electricidad o con energía solar.
   Parece claro que lo que las empresas constructoras de automóviles están buscando son fuentes de energía más limpias, más ecológicas o, como dicen algunos, más verdes. De manera que es muy posible que la vida de los coches de gasolina que conocemos ahora sea corta y que dentro de pocos años sólo encontremos los coches de gasolina en los museos.

3. **Escucha los consejos siguientes y anota para qué sirven.**
   TEXTO GRABADO:
   Para empezar, tómate una aspirina.
   Siéntate tranquila y cómodamente.
   Echa la cabeza hacia atrás.
   Cierra los ojos.
   Respira despacio.
   No pienses en nada.
   Haz esto durante 30 minutos y te sentirás mucho mejor.

4. **Escucha y anota cuánta agua por habitante y día se consume más en la mitad sur de España que en la mitad norte.**
   TEXTO GRABADO:
   Según algunos estudios, los españoles consumimos una media diaria de 350 litros de agua por habitante.
   Sin embargo, los españoles que habitan la mitad norte de la Península, es decir, de Madrid hacia arriba, consumen menos agua que los que viven en la mitad sur. No obstante, la mitad norte de España es la zona que tiene menos problemas de agua, debido a su clima y a las abundantes lluvias durante todo el año. El consumo medio de la mitad norte de España está entre los 300 y 320 litros diarios, frente a los 420 litros de media por habitante que se consumen en la mitad sur, donde el agua es un bien escaso.

5. **Sigue atentamente las instrucciones y podrás descubrir un sinónimo de la palabra *discente*.**
   TEXTO GRABADO:
   Letra 1ª: tercera fila, novena columna.
   Letra 2ª: séptima fila, segunda columna.
   Letra 3ª: sexta fila, sexta columna.
   Letra 4ª: sexta fila, tercera columna.
   Letra 5ª: segunda fila, tercera columna.
   Letra 6ª: cuarta fila, séptima columna.

II. Comprensión escrita

2. **Completa el texto con una palabra del recuadro.**
   Texto íntegro.
   Los alimentos del futuro ya están aquí. Serán más fuertes y durarán más que los de ahora. Para empezar, gracias al trabajo de investigación de la compañía norteamericana Calgene, ya ha nacido el "Flavr Savr". Se trata de un tomate que parece normal, aunque de color rojo más intenso. Desde el pasado 18 de mayo, una vez recibida la autorización oficial, los mercados del estado norteamericano de California ofrecen al público la posibilidad de comprar unos supertomates que siguen estando duros incluso después de muchos días.

4. **Ordena las frases siguientes y reconstruye el texto original.**
   Solución:
   UNA RADIO ESPECIAL PARA PERSONAS QUE NO PUEDEN OÍR
   A partir del mes de octubre los japoneses tendrán un nuevo servicio de radio para personas que no pueden oír.
   Estos nuevos aparatos de radio llevan una pantalla de cristal líquido en la que aparecerá por escrito lo que en ese momento se está oyendo por la radio. Además de la programación normal, los que tengan este aparato podrán seguir las letras de las canciones y diversas informaciones complementarias.

III. Expresión oral y escrita

1. **Escucha y responde a cada frase con una expresión de indiferencia, igualdad o discrepancia, según tu opinión.**
   TEXTO GRABADO:
   - *Da igual que se quemen los bosques.*
   - *Lo siento, no puedo ayudarte.*
   - *Sólo queda helado de fresa.*
   - *No me acuerdo del número de teléfono de Juan.*
   - *Es igual si pierdes todo tu dinero.*

2. **Escucha y completa estas frases.**
   TEXTO GRABADO:
   - *En cuanto vayas a España...*
   - *Aunque tenga esa cara de buena persona...*
   - *Cuando oí esa música por primera vez...*
   - *Me extraña que no...*
   - *Dicen que hay ya ordenadores...*

UNIDAD 13

II. 3.

España está considerada, dentro de la Unión Europea, como uno de los mercados con mayor potencial en el ámbito de la cosmética masculina. Aumenta cada día la preocupación del hombre español por la higiene y el cuidado de su piel. Quienes mejor saben esto son las empresas de productos de belleza masculina. En un informe se revela que entre 1979 y 1989 los españoles han gastado diez veces más en productos de belleza masculina. Hace sólo unas décadas era impensable que el **macho hispánico** utilizase en el aseo matinal algo tan normal hoy día como es el desodorante. Era algo de uso exclusivo por y para la mujer. Ocurría lo mismo con todas las cremas en general. El director de un importante grupo comercial cree que ahora el hombre español empieza a utilizar cremas después del afeitado, pero no mucho más: aún las rechaza porque las considera "propias de la mujer", idea que también comparten muchas mujeres. Sin embargo no existe ninguna razón para pensar que la piel masculina no precisa de tantos cuidados como la piel femenina. Además, el hombre español gasta muy poco en cremas para la piel: sólo 1.000 pesetas, frente a las 6.000 que gasta el francés, el italiano o el inglés, por ejemplo. Sin embargo el español gasta mucho más en alta perfumería, incluso más que sus colegas europeos. Y es que todavía quedan en el ambiente creencias y opiniones del pasado. Hay quienes prefieren al hombre feo y rudo y a la mujer guapa y delicada. Las convicciones cambian lentamente.

III. 2.

En España hay 3.273.681 adolescentes, es decir, chicos y chicas entre 12 y 16 años (cifras de 1992). Son una nueva generación, nacida en democracia, **criada** en democracia y con España dentro de la Unión Europea. En casa tienen todos los **aparatos de consumo** con que la publicidad surte a las familias: televisores, videojuegos, equipos de música, discos compactos, vídeos, ordenadores, radiocasetes y ropa de marca. Además, **suelen recibir** de sus padres una paga de fin de semana para sus propias necesidades o para divertirse con los amigos o amigas. No es una paga cualquiera:

"Mis padres me dan 3.000 ptas. **cada fin** de semana", dice Nuria, de 14 años.

"Yo gasto casi 5.000 ptas. todos los fines de semana, todo lo que me dan mis padres", **confiesa** Marta, de 15 años. "¿Que qué hago? Pues suelo ir al cine, tomo una hamburguesa con las amigas y amigos; en verano **prefiero** ir a la playa, compro algún disco nuevo y también **algunas chucherías** en el kiosko. A veces también ahorro para hacer algún regalo."
Durante la semana no salen de casa: **van al cole**. Pero los sábados y domingos "toman la calle" en ruidosas pandillas o grupos. Hay discotecas y bares que **abren** sólo para ellos. María, Pepi y Leticia guardan lo mejor de **su vestuario** para salir los sábados: pantalones cortos, faldas ceñidas, vestidos largos... Toni y Alberto siempre van **con sus** vaqueros y **su** pelo largo. A Toni le gustaría llevar coleta, pero no lo ha decidido aún; no **es probable que cambie**. Alberto lleva un pendiente en la oreja y **es posible que** también se haga una coleta con el pelo, "porque ésa es hoy la moda". Alberto tiene 15 años y estudia en una Escuela de Formación Profesional para ser electricista. No es probable que luego entre en la universidad. Quiere trabajar y ganar dinero cuanto antes. Sus aficiones no son **muy exigentes**.

UNIDAD 14.

II. 5.

Los y las adolescentes españoles son permisivos, no son machistas y muestran una gran dosis de sentido común, según una encuesta realizada entre estudiantes de toda España, con edades comprendidas entre 14 y 19 años. En opinión del encuestador, la juventud no tiene mucha fe en los tres poderes del sistema democrático (el ejecutivo, el legislativo y el judicial) y muy poca en los políticos y en la política. "Esto es realmente peligroso", comenta el encuestador. Por ejemplo, a la pregunta de "Si tuvieras edad para votar, ¿por qué partido votarías?", el 50,7% eligió la siguiente respuesta: "Ninguno. No creo en la política ni en los políticos". De todos modos, sólo un 3,6% votaría a favor de una dictadura y sólo un 1,7 por un partido comunista. Entre las instituciones más apreciadas está la Iglesia, hecho que coincide con el 82% que dicen que creen en Dios, aunque sólo un 51% cree en el cielo; más bajo es aún el porcentaje de los que creen en el infierno: un 23%. Quienes practican la religión y sus normas sólo son uno de cada tres. La conclusión es, pues, que en lo religioso y en lo moral los adolescentes son permisivos y complacientes: una mayoría elige lo que es útil para su propio bienestar, pero sin que ello le obligue a nada. En cuanto a las drogas, las opiniones son más satisfactorias: un 72% las rechaza y cree que "tomar drogas es siempre condenable". "En realidad -concluye el encuestador-, la encuesta revela que los adolescentes toman de las instituciones (Iglesia, familia) lo que les interesa y lo demás lo buscan en sus amigos y en los medios de comunicación."

UNIDAD 15.

II. 5.

Texto ordenado.

La idea de unir los dos océanos, el Atlántico y el Pacífico, ya la tuvo el rey Carlos V, en 1534, poco después de que Colón descubriese América.

Si no hubiera sido por una compañía francesa, no se habría iniciado el proyecto, trescientos años después. Fernando de Lesseps, que dirigió la obra, había construido ya el canal de Suez.

Si bien los franceses trabajaron durante varios años, las dificultades económicas y las enfermedades tropicales no les permitieron terminar el canal.

Panamá se separó de Colombia y en 1903 firmó un tratado con los Estados Unidos para construir un canal interoceánico. Si Estados Unidos no hubiese estado interesado, probablemente el canal no existiría. El canal de Panamá se acabó en 1914 y costó 387 millones de dólares.

En la construcción del canal trabajaron 34.000 hombres y muchas máquinas.

Antes de que se construyese este canal, los barcos debían recorrer 16.000 km y pasar por el cabo de Tierra de Fuego, en el sur de Argentina. Después de que este canal se acabase, la distancia entre los dos océanos sería sólo de 80 km.

Cada día pasan por el canal unos 34 barcos. Si no hubiese canal, la travesía duraría varios días. Con el canal la travesía dura solamente nueve horas.

III.5.

Texto grabado (las diferencias se realzan en negrita).

Calendario de Fiestas (Ecuador)

Enero:	1 - Día de Año Nuevo.
	6 - Día de los Reyes Magos.
Febrero:	- **Fiesta** de las Flores y las Frutas en Ambato.
Febrero/marzo:	- Carnavales (sólo en Quito).
Marzo/abril:	- Semana Santa.
Mayo:	1 - Día del **obrero/trabajador**.
	23 - Batalla de Pichicha.
Junio:	- Jueves (**en junio**): Corpus Cristi.
	- Festivales de la cosecha en **la costa**.
Julio:	27 - Natalicio de Simón Bolívar.

| Agosto: | 10 - Día de la Independencia. |

Agosto: 10 - Día de la Independencia.
Septiembre: - Segunda quincena: Festival del Yamor, en Otavalo (máscaras nativas, trajes típicos, **bailes**).
Octubre: 9 - Independencia de Guayaquil.
            - Feria Internacional.
Noviembre: 1 - Día de los Fieles Difuntos.
            3 - Independencia de Cuenca.
Diciembre: 6 - **Destrucción** de Baeza (espectáculos folclóricos, deportivos, bailes).
            24 - Nochebuena (**juegos** de disfraces).
            25 - Navidad.
            31 - Noche del Año Nuevo (quema de muñecos que representan los aconte-cimientos más importantes del año que **acaba**).

UNIDAD DE REVISIÓN Y AUTOEVALUACIÓN (13-15)

I. Comprensión oral

1. Escucha y señala las frases que oyes.
TEXTO GRABADO:
a) - No creo que los jóvenes sean más activos.
b) - Desde mi punto de vista son demasiado jóvenes para casarse.
c) - Vale la pena hacerlo bien.
d) - Considero que es un grave error.
e) - En mi opinión tendrías que hacerle caso a tu novia.

2. Escucha y señala la frase que mejor resume el texto.
TEXTO GRABADO:
Estados Unidos de América habla en español. En sus equipos de fútbol hay muchos nombres y apellidos hispanos. En algunas tiendas de algunas de las ciudades, se puede leer un cartel que dice "Hablamos Inglés", como si aquello no fuera Estados Unidos. Aumentan los hablantes de español y crece el español como lengua.
Los productores de cine hacen películas "made in U.S.A." con acento latino. Al principio andaba por los estudios cinematográficos Andy García. A él se le han unido unos cuantos morenos, incluso Antonio Banderas, el más internacional de los actores españoles. Faltaba una mujer no diosa, una mujer que fuese como cualquier mujer de la calle, una mujer normal. Faltaba Rosie Pérez con su nombre, pequeña y atractiva, especial. Rosie Pérez, quitando la "e" y el color, lo mismo podía haber nacido en Sevilla que en Guayaquil. Pero no, es "yanky", de nombre y apellido.

3. Escucha de nuevo el texto anterior y anota V (verdadero) o F (falso).
TEXTO GRABADO:
Estados Unidos de América habla en español. En sus equipos de fútbol hay muchos nombres y apellidos hispanos. En algunas tiendas de algunas de las ciudades, se puede leer un cartel que dice "Hablamos Inglés", como si aquello no fuera Estados Unidos. Aumentan los hablantes de español y crece el español como lengua.
Los productores de cine hacen películas "made in U.S.A." con acento latino. Al principio andaba por los estudios cinematográficos Andy García. A él se le han unido unos cuantos morenos, incluso Antonio Banderas, el más internacional de los actores españoles. Faltaba una mujer no diosa, una mujer que fuese como cualquier mujer de la calle, una mujer normal. Faltaba Rosie Pérez con su nombre, pequeña y atractiva, especial. Rosie Pérez, quitando la "e" y el color, lo mismo podía

haber nacido en Sevilla que en Guayaquil. Pero no, es "yanky", de nombre y apellido.

4. Escucha los siguientes resultados de una encuesta realizada a jóvenes españoles, compáralos con los datos siguientes y corrige los posibles errores.
TEXTO GRABADO:
- El 75% cree en Dios.
- El 62,5% prefiere estudiar a trabajar.
- El 4,5% opina que es mejor no casarse.
- El 86% considera que hacer el servicio militar es una pérdida de tiempo.
- El 35% opina que no vale la pena hacer nuevas elecciones.

5. Escucha y completa estas frases.
TEXTO GRABADO:
- Si viene a verme, dile que me he ido de vacaciones.
- Si estuvieras de acuerdo conmigo, podríamos crear una pequeña empresa.
- Si hablaras con él, entenderías muchos problemas de los jóvenes de hoy.
- Si fueras más amable, podríamos salir a cenar con amigos.
- Si pasaras más tiempo en casa, sabrías que mamá está en el hospital.

II. Comprensión escrita

4. Reconstruye el diálogo ordenando estas frases.
Solución:
B: ¿Te apetece ir al cine esta noche?
A: Es una buena idea. ¿Qué vamos a ver?
B: No sé qué están poniendo ahora. ¿Tienes un periódico?
A: Sí. Vamos a ver.
B: Podemos ir a ver *Belle époque*. Me han dicho que está muy bien. Empieza a las diez.
A: Estupendo. ¿Y si nos vamos a cenar antes de entrar al cine?
B: De acuerdo. Prepárate. No deberíamos llegar tarde.
A: Es sólo un minuto. Me cambio de zapatos y me pongo una chaqueta.

III. Expresión oral y escrita

1. Escucha y responde a las preguntas.
TEXTO GRABADO:
- ¿Opinas que hay profesiones exclusivas de la mujer?
- ¿Para qué crees que sirven los bosques?
- ¿Consideras que somos conscientes de los problemas ecológicos?
- ¿Crees que algún día podremos vivir en Marte?
- ¿Es probable que alguien pueda llegar a hablar veinte idiomas?

2. Escucha y contesta con una expresión de asentimiento o de acuerdo.
TEXTO GRABADO:
- ¿Vienes al cine con nosotros?
- ¿Me invitas a un café?
- ¿Me permite pasar?
- ¿Me dejas ver el periódico?
- ¿Nos acompañáis a casa?

LÉXICO ACTIVO Y PASIVO

Voces de Cumbre-2. Entre paréntesis se señala la unidad en que las voces aparecen por vez primera. Las palabras marcadas con un asterisco (*) ya aparecieron en Cumbre-1.

A

a (*)
a menudo (*)
a pesar de (15)
a través de (14)
abajo (*)
abandonado/a (7)
abandono, el (7)
abonado/a (8)
abordar (9)
abrazo, el (*)
abrir (*)
abundancia, la (5)
abundante (6)
aburrimiento, el (6)
acabar (*)
acampar (*)
acantilado, el (2)
acceder (8)
acceso, el (2)
accidente, el (2)
acción, la (5)
aceite, el (*)
acentuar (13)
aceptar (*)
acercar(se) (*)
acertado/a (3)
acogedor/ra (8)
acogida, la (11)
acompañante, el/la (10)
aconsejable (8)
aconsejar (4)
acontecimiento, el (15)
acortar (3)
acostumbrado/a (*)
acostumbrar (3)
actriz, la (6)
actualidad, la (15)
actualmente (*)
acudir (2)
acuerdo, el (15)
acumular (2)
adaptar (6)
adecuado/a (*)
además (*)
adicional (8)
adivinar (6)
admitir (*)
adolescente, el/la (13)
adornar (10)
adquirir (8)
aeropuerto, el (*)
aerosol, el (5)
afectado/a (5)
afectar (5)
afeitarse (13)
afianzarse (13)
afición, la (13)
aficionado/a (6)
afiliado/a (6)
afirmar (4)
afluente, el (12)
África (5)
afrontar (15)

agonizar (2)
agotar (5)
agradable (*)
agua, el (*)
¡ah! (3)
ahí (*)
ahora (*)
ahorrar (*)
ahorro, el (13)
aire, el (*)
aislar (8)
ajustar (8)
al acecho (7)
al respecto (6)
al (*)
alargado/a (1)
alcalde, el (4)
alcalino/a (8)
alcance, el (14)
alcanzar (1)
aldea, la (12)
alegre (*)
alemán/na (*)
alfombra, la (*)
algo (*)
alguien (*)
algún/na (13)
alguno/a (*)
alianza, la (15)
alimentar (7)
alimento, el (*)
aliviar (10)
allá (*)
allí (*)
almacén, el (*)
almacenar (11)
alrededor (13)
altar, el (10)
altavoz, el (*)
altísimo/a (4)
alto/a (*)
altura, la (*)
alumno/a (*)
amabilidad, la (2)
amablemente (2)
amante, el/la (*)
amar (*)
amargura, la (6)
amarillo/a (*)
amazónico/a (5)
ambicioso/a (15)
ambiental (15)
ambiente, el (1)
ámbito, el (13)
ambos/as (13)
ambulantaje, el (4)
América (5)
americano/a (4)
amigo/a (*)
amistoso/a (14)
amor, el (*)
amortiguación, la (9)
amplio/a (*)
analógico/a (9)
anarquía, la (7)

ancho/a (*)
anciano/a (4)
andar (*)
anilla, la (7)
anillo, el (1)
animal, el (*)
animar (7)
ánimo, el (4)
Antártida, la (5)
ante (*)
antelación, la (3)
anterior (*)
antes (*)
anuncio, el (11)
añadido/a (4)
año, el (*)
aparato, el (*)
aparecer (*)
apartado, el (*)
apartar (2)
apenas (13)
apoyo, el (6)
apreciado/a (4)
aprender (*)
aprobado/a (3)
aprovechar (7)
aprovisionar(se) (12)
aproximadamente (1)
aquel/lla (1)
aquello/a (10)
aquí (*)
árbol, el (*)
área, el (3)
Argentina (4)
arma, el (7)
arquitectónico/a (3)
arquitectura, la (3)
arrastrar (2)
arriba (*)
arrojar (2)
arroyo, el (12)
arruga, la (9)
arte, el (3)
artefacto, el (2)
artesano/a (4)
artículo, el (*)
artificial (*)
artificialmente (12)
asegurar(se) (8)
asentado/a (13)
aseo, el (13)
asesinar (4)
así (*)
Asia (5)
asiento, el (2)
asignatura, la (*)
asistido/a (9)
asociación, la (6)
asociar (4)
atención, la (4)
atender (9)
atenuar (9)
atleta, el/la (9)
atletismo, el (9)
atmósfera, la (*)

atmosférico/a (4)
atractivo/a (9)
atrapar (14)
atrás (11)
atravesar (14)
atrever(se) (2)
aumentar (*)
aumento, el (5)
aún (1)
aunque (*)
auricular, el (*)
auténtico/a (4)
automóvil, el (11)
autonomía, la (11)
autoridades, las (2)
autorizado/a (8)
avance, el (4)
ave, el (5)
avión, el (*)
ayuda, la (*)
ayudar (*)
ayuntamiento, el (*)
azafata, la (2)
azteca (10)
azul (*)

B

bachillerato, el (1)
bailar (*)
baile, el (15)
bajar (*)
bajo/a (8)
balcón, el (3)
banco, el (*)
banqueta, la (10)
baño, el (*)
bar, el (*)
barato/a (*)
barbaridad, la (2)
barca, la (7)
barco, el (15)
barra, la (11)
barrio, el (10)
basado/a (11)
básico/a (15)
bastante (*)
basurero, el (2)
batalla, la (15)
beber (*)
beca, la (3)
belleza, la (13)
beneficiar (12)
beso, el (*)
bici(cleta), la (*)
bien (*)
bienestar, el (14)
blanco/a (*)
bloque, el (3)
boca, la (*)
bolsillo, el (3)
bombilla, la (8)
bosque, el (*)
botón, el (8)
Brasil (5)

brazo, el (*)
brillante (15)
brotar (10)
brusquedad, la (2)
bruto/a (4)
buen (*)
bueno/a (*)
burocracia, la (15)
burocrático/a (15)
burro, el (12)
buscar (*)

C

cabello, el (1)
cabeza, la (*)
cabina, la (*)
cacao, el (7)
cacique, el (7)
cada (*)
cadena, la (11)
caimán, el (7)
caja, la (*)
calculado/a (5)
calcular (*)
calefacción, la (8)
calendario, el (15)
calentado/a (1)
calentar (*)
calidad, la (9)
caliente (4)
calle, la (*)
callejón, el (13)
calor, el (*)
caluroso/a (3)
camarero/a (*)
cambiar (*)
cambio, el (5)
caminar (8)
camino, el (12)
camión, el (1)
campeonato, el (9)
campo, el (*)
canal, el (*)
cansado/a (*)
cantar (*)
cantidad, la (*)
capa, la (5)
capaz (*)
capital, la (*)
capitán, el (7)
capítulo, el (4)
cara, la (*)
carácter, el (12)
característica, la (1)
caramba (*)
caramelo, el (*)
cargar (11)
Caribe, el (5)
carnaval, el (15)
caro/a (*)
carrera, la (*)
carretera, la (*)
carrito, el (10)
carro, el (*)
carrocería, la (9)
carta, la (*)
cartel, el (10)

casa, la (*)
casado/a (*)
casar(se) (6)
casi (*)
caso, el (*)
castaño, el (1)
castellano/a (14)
católico/a (4)
causa, la (14)
cazar (7)
cebo, el (7)
cebollita, la (10)
celebrar (*)
célula, la (11)
centenar, el (11)
centésima, la (9)
centígrado, el (4)
centro, el (*)
ceñirse (13)
cerca (1)
cercano/a (1)
cero, el (*)
cerrado/a (2)
chamaco/a, el/la (10)
chaparrito/a (10)
chaqueta, la (*)
chato/a (1)
chico/a, el/la (*)
chimenea, la (1)
China (12)
chocolate, el (*)
choza, la (12)
chuchería, la (13)
cicatriz, la (1)
ciclo, el (5)
ciego/a (2)
cielo, el (*)
cien (*)
científico/a (*)
cierre, el (9)
cierto/a (3)
ciervo, el (12)
cifra, la (6)
cinco (*)
cincuenta (*)
cine, el (*)
circuito, el (1)
circular (11)
circunstancia, la (9)
ciudad, la (*)
ciudadano/a (4)
civil (7)
claridad, la (8)
claro/a (3)
clase, la (*)
clima, el (*)
climático/a (3)
climatización, la (9)
cloro, el (5)
coche, el (*)
cocinar (2)
código, el (8)
coger (*)
coincidir (14)
cola, la (2)
colaboración, la (15)
colaborar (8)
cole, el (13)

colega, el/la (13)
coleta, la (13)
colgar (10)
colina, la (12)
colocar (6)
Colombia (15)
colonia, la (10)
colonización, la (15)
colonizador/ra (15)
color, el (*)
combate, el (7)
combatir (7)
combinar (12)
comentar (14)
comenzar (6)
comer (*)
comercial (13)
comida, la (*)
comienzo, el (15)
comisaría, la (*)
como (*)
cómo (*)
compañía, la (12)
compartir (8)
competidor/ra (11)
competitivo/a (6)
complaciente (14)
complejo/a (12)
completo/a (3)
comportamiento, el (12)
comprar (*)
comprender (12)
comprendido/a (14)
común (14)
comunicación, la (*)
comunicar (*)
comunidad, la (12)
comunista (7)
con (*)
concebir (9)
conceder (3)
concentración, la (5)
concentrar (4)
concesión, la (3)
concluir (14)
conclusión, la (*)
concurso, el (*)
condenable (14)
condición, la (3)
condicionar (12)
conducir (*)
confesar (3)
conflicto, el (13)
conforme (13)
conjunto, el (4)
conmigo (*)
conocer (*)
conocido/a (*)
conquistador/ra (7)
conquistar (7)
consciente (5)
consecuencia, la (12)
conseguir (12)
consejo, el (6)
conservador/ra (4)
conservar (*)
considerar (*)
constatar (6)

Constitución, la (15)
construcción, la (15)
constructora, la (11)
construir (3)
consumir (*)
consumo, el (3)
contaminación, la (4)
contaminar (11) (*)
contar (*)
contener (10)
contento/a (*)
contestar (*)
contexto, el (15)
contigo (2)
continental (2)
continente, el (5)
continuar (9)
contra (*)
contrario/a (*)
contraste, el (4)
contribuir (12)
controlar (*)
convencer (9)
conveniente (14)
convenir (8)
convertir (*)
convicción, la (13)
convivir (4)
cooperación, la (15)
copita, la (10)
correr (*)
corresponder (10)
corriente, la (5)
corrupción, la (14)
corrupto/a (14)
cortar (*)
cortesía, la (10)
corto/a (*)
cosa, la (*)
cosecha, la (15)
cosmética, la (13)
costa, la (*)
costar (*)
coste, el (8)
costero/a (12)
costumbre, la (*)
creación, la (15)
crear (6)
crecer (1)
creencia, la (4)
creer (*)
crema, la (9)
criado/a (13)
crisis, la (13)
cristal, el (*)
cristiano/a (7)
criticar (*)
cronista, el/la (7)
cronoesfera, la (9)
cronógrafo, el (9)
cronometraje, el (9)
cronómetro, el (9)
cruel (6)
cuadrado/a (2)
cuadro, el (*)
cual (3)
cuál (*)
cualidad, la (6)

cualquier/ra (2)
cuando (*)
cuándo (*)
cuanto/a (8)
cuánto/a (*)
cuatro (*)
cuatrocientos (5)
Cuba (14)
cubano/a (*)
cúbico/a (3)
cubierto/a (*)
cuenca, la (12)
cuenta, la (*)
cuero, el (*)
cuerpo, el (*)
cuestión, la (14)
cuidado, el (*)
cuidar (*)
culpa, la (*)
cultura, la (14)
cultural (15)
cumplir (*)
curiosamente (4)
curioso/a (10)
curso, el (*)
cuyo/a (4)

D

danza, la (15)
daño, el (12)
dar (*)
dato, el (*)
de acuerdo (*)
de derechas (1)
de izquierdas (1)
de (*)
deber (*)
debilidad, la (15)
década, la (7)
decidir (*)
decir (*)
dedicar (*)
dedicar(se) (15)
defender(se) (6)
defensa, la (7)
defensivo/a (13)
definir (6)
degradación, la (15)
dejar(se) (*)
del (*)
delante (2)
delgado/a (*)
delicado/a (13)
delicioso/a (10)
demás (*)
demasiado/a (*)
democracia, la (13)
democrático/a (14)
denegación, la (3)
dentro (8)
depender (*)
dependiente (15)
deportivo/a (9)
derecho/a (9)
derecho, el (*)
derechos, los (9)

desaparecer (*)
desaparecido/a (7)
desaparición, la (5)
desarrollo, el (4)
desastre, el (2)
desastroso/a (2)
desayunar (*)
descalzo/a (8)
descansar (*)
descanso, el (*)
descendiente, el/la (7)
descolgar (8)
desconcertar (13)
desconocer (12)
desconocido/a (5)
descubrir (*)
desde (*)
desear (*)
deshacer(se) (8)
deshielo, el (12)
desigualdad, la (15)
desnudo/a (7)
desodorante, el (13)
desperdicio, el (3)
despertar(se) (*)
despistado/a (13)
despiste, el (13)
desplazar(se) (9)
después (*)
destino, el (*)
destrozo, el (12)
destrucción, la (5)
destruir(se) (5)
desunido/a (15)
desunión, la (15)
detalle, el (7)
detergente, el (2)
detonador, el (2)
detrás (1)
deuda, la (15)
devorar (4)
día, el (*)
diariamente (4)
diario/a (*)
diciembre (*)
dictador/ra (14)
dictadura, la (7)
diez (*)
diferencia, la (*)
diferente (*)
difícil (*)
dificultad, la (15)
difunto/a (10)
Dinamarca (4)
dinero, el (*)
dios/sa, el/la (7)
dirección, la (*)
director/ra, el/la (*)
dirigente, el/la (7)
dirigir (6)
disco compacto, el (13)
disco duro, el (9)
disco, el (*)
discoteca, la (*)
disculpa, la (*)
discutir (14)
diseñar (9)

disfraz, el (15)
disfrutar (4)
disminuir (5)
distinto/a (14)
distribuir (6)
distrito, el (4)
diversión, la (*)
diverso/a (*)
divertir(se) (1)
división, la (6)
dólar, el (*)
doméstico/a (8)
domingo, el (*)
don/doña (*)
donante, el/la (12)
donde (*)
dormir (*)
dos (*)
dosis, la (14)
droga, la (14)
ducha, la (8)
dudar (*)
dulce (1)
dulzura, la (14)
durante (*)
durar (*)
duro/a (1)

E

e (*)
echar(se) (*)
ecología, la (6)
ecologista, el/la (2)
economía, la (*)
económico/a (*)
Ecuador (12)
ecuatoriano/a (12)
edad, la (*)
edificio, el (*)
educación, la (2)
educar (9)
efecto, el (12)
eficaz (1)
eficazmente (8)
egoísta, el/la (14)
ejecutivo/a, el/la (14)
ejemplo, el (*)
ejército, el (4)
el (*)
él (*)
elección, la (4)
electricidad, la (8)
electricista, el/la (13)
eléctrico/a (8)
electrodoméstico (8)
electrónica, la (1)
electrónicamente (9)
electrónico/a (1)
elegancia, la (9)
elegante (9)
elegir (*)
elemento, el (12)
ella (*)
ello (12)
ellos/as (*)
embalsar (12)
emigrante, el/la (14)

emigrar (*)
emoción, la (*)
emocionalmente (13)
empaquetar (1)
empezar (*)
empleado/a (6)
empleo, el (4)
empresa, la (4)
empresarial (6)
empresario/a (6)
empujar (10)
en (*)
enamorado/a (*)
encantar (*)
encanto (1)
encerrar (7)
enchufar (8)
encima (*)
encontrar (*)
encuesta, la (*)
encuestado/a (4)
encuestador/ra, el/la (14)
enemigo/a (12)
energía, la (3)
enfadado/a (*)
enfadar(se) (1)
énfasis, el (13)
enfermo/a (*)
enfilar (10)
enfrentamiento, el (7)
enfrentar(se) (4)
enfrente (*)
engañar (*)
engordar (7)
enlace, el (15)
enorme (2)
ensuciar (8)
enterar(se) (7)
entonces (*)
entrada, la (*)
entrar (*)
entre (*)
entregado/a (3)
entrevistado/a (14)
enviar (*)
envidia, la (7)
épico/a (7)
época, la (7)
equilibrado/a (5)
equilibrio, el (5)
equipado/a (11)
equipar(se) (9)
equipo, el (*)
equivalente (3)
erosión, la (12)
escapar (3)
escaso/a (6)
esclavo/a (7)
escocés/sa (11)
escribir (*)
escuchar(se) (*)
escuela, la (*)
ese/a (4)
esencial (9)
esfuerzo, el (15)
eso (6)
espacio, el (*)
España (*)

español/la (*)
especial (*)
especialmente (*)
especie, la (5)
específico/a (14)
espectáculo, el (15)
espejo, el (12)
esperar (*)
espíritu, el (4)
estacionar (10)
estado, el (4)
Estados Unidos (7)
estadounidense (14)
estar (*)
estatal (6)
estatura, la (1)
este/a (*)
éste/a (*)
estilo, el (9)
esto (*)
estrategia, la (7)
estreno, el (9)
estudiado/a (5)
estudiante, el/la (*)
estudiar (*)
estudios, los (3)
etc (2)
eternidad, la (4)
etnología, la (14)
Europa, la (*)
europeo/a (*)
evitar (2)
exactamente (*)
exagerar (14)
excepto (6)
excesivamente (3)
excesivo/a (15)
exclusiva, la (9)
exclusivo/a (13)
exigente (13)
exigir (4)
existir (4)
expedición, la (7)
experiencia, la (10)
explicar (2)
explosión, la (12)
explosivos, los (2)
explotación, la (15)
expresar (10)
exquisito/a (10)
extender(se) (12)
extensión, la (12)
exterior (8)
externo/a (8)
extrañar (11)
extraordinario/a (*)
extremo/a (13)
extrovertido/a (1)

F

fabricar (11)
fácil (*)
facilitar (15)
factor, el (12)
factura, la (6)
facturar (6)
falda, la (*)

falta, la (4)
faltar (3)
familia, la (*)
familiar (*)
famoso/a (*)
favor, el (*)
fe, la (14)
federal (4)
felicidades (*)
feliz (*)
femenino/a (13)
fenómeno, el (12)
feo/a (*)
feria, la (11)
fértil (7)
fervor, el (10)
festival, el (15)
fiabilidad, la (8)
fiable (*)
fidelidad, la (13)
fiel (15)
fiesta, la (*)
fijamente (2)
fijar(se) (4)
filosofía, la (6)
fin, el (*)
final, el (*)
final, la (9)
financiar (7)
finca, la (7)
Finlandia (4)
firma, la (11)
firme (*)
firmeza, la (9)
física, la (3)
flor, la (*)
florero, el (10)
florista, el/la (10)
floristería, la (10)
fluorescente (8)
folclórico/a (15)
forma, la (5)
formación profesional,
  la (13)
formar (*)
fórmula, la (9)
fósforo, el (2)
foto, la (*)
fotografía, la (6)
fracción, la (9)
francés/sa (*)
Francia (2)
frecuente (*)
frente (hacer frente) (3)
frente, la (1)
frescor, el (9)
frigorífico, el (*)
frijol el (10)
frío/a (*)
frío, el (*)
frontera, la (13)
fuego, el (*)
fuente, la (*)
fuera (*)
fuerte (*)
fuerza, la (*)
fumador/ra (2)
fumar (*)

función, la (6)
funcionar (8)
fundación, la (15)
fundar (6)
fútbol, el (*)
futuro, el (*)

G

gachupín/na (10)
gama, la (8)
ganar (*)
garganta, la (*)
gas, el (*)
gasolina, la (11)
gastar (*)
gasto, el (12)
generación, la (13)
general (3)
generosidad, la (14)
generoso/a (14)
gente, la (*)
gesto, el (11)
gigantesco/a (4)
girar (*)
global (5)
gobernador/ra (4)
gobernante/a (7)
gobierno, el (*)
golpear (2)
gordo/a (3)
gordura, la (3)
gracias, las (9)
gran (*)
grande (*)
grasa, la (9)
grave (*)
gravedad, la (8)
grueso/a (1)
grupo, el (*)
guapo/a (*)
guardar (13)
guerra, la (*)
guerrilla, la (7)
guía, el/la (6)
guitarrón, el (10)
gustar (*)

H

haber (*)
habitación, la (*)
habitante, el/la (*)
habitar(se) (5)
habituado/a (6)
habitual (*)
hablar (*)
hacer (*)
hacia (*)
halógeno/a (8)
hambre, el (*)
hamburguesa, la (13)
hasta (*)
hectárea, la (5)
helado/a (12)
hermano/a (*)
hermoso/a (5)
hidrógeno, el (11)

hielo, el (12)
higiene, la (13)
hijo/a, el/la (*)
hilo, el (7)
hispánico/a (13)
hispano/a (10)
Hispanoamérica (15)
hispanoamericano/a (15)
historia, la (*)
hogar, el (11)
hoja, la (12)
hombre, el (*)
hora, la (*)
hormiga, la (7)
horno, el (8)
hotel, el (*)
hoy (*)
huir (4)
humanidad, la (11)
humano/a (*)
humedad, la (12)
húmedo/a (*)
humilde (1)

I

Iberoamérica (15)
iberoamericano/a (15)
idea, la (*)
ideal (*)
idéntico/a (9)
ideológico/a (7)
iglesia, la (*)
igual (*)
igualdad, la (13)
imagen, la (9)
imaginar(se) (9)
impensable (13)
imperfección, la (9)
implantar (11)
importante (*)
importar (*)
imposible (*)
impreso, el (3)
inactividad, la (3)
inclinado/a (3)
incluso (8)
incomodidad, la (3)
incómodo/a (1)
incremento, el (9)
independencia, la (15)
independiente (9)
indiferente (*)
indígena, el/la (7)
indio/a (7)
individual (12)
Indonesia (5)
industrial (4)
inexperto/a (6)
infarto, el (4)
infierno, el (4)
infinito/a (4)
influir (6)
información, la (*)
informar (*)
informe, el (9)
ingeniería, la (1)
ingeniero/a, el/la (11)

inglés/sa (*)
ingresos, los (3)
iniciado/a (15)
innovación, la (9)
insatisfecho/a (3)
instalar (4)
instante, el (10)
institución, la (14)
instituto, el (1)
instrumento, el (6)
insurgente (4)
integración, la (15)
integrado/a (15)
inteligencia, la (6)
inteligente (*)
intentar (7)
intento, el (10)
interaccionar (12)
interés, el (4)
interesado/a (15)
interesante (*)
interesar(se) (*)
interior (3)
internacional (*)
interoceánico/a (15)
intervenir (12)
introducir (*)
inundar (12)
invención, la (11)
inventar (*)
invento, el (11)
inventor/ra, el/la (11)
investigación, la (3)
invierno, el (*)
invisible (9)
invitar (*)
ir(se) (*)
irreparable (12)
irritación, la (4)
isla, la (*)
italiano/a (*)
izquierda (*)

J

japonés/sa (5)
jefe/a (6)
jersey, el (*)
jornada, la (3)
joven (9)
joven, el/la (*)
judicial (14)
juego, el (9)
jugar (*)
junto/a (*)
justicia, la (7)
juventud, la (*)

K

kilo, el (*)
kilocaloría, la (3)
kilómetro, el (*)
kilowatio, el (3)
kiosko, el (*)

L

la (*)
labio, el (1)
laboral (13)
lado, el (*)
lago, el (2)
largo/a (*)
latino/a (14)
Latinoamérica (15)
lavar(se) (8)
le (*)
leer (*)
legislativo/a (14)
lejano/a (10)
lejos (10)
lengua, la (15)
lenguaje, el (14)
lentamente (13)
lento/a (*)
letra, la (6)
levantar(se) (*)
ley, la (7)
liberar (14)
libertad, la (9)
libre (*)
libro, el (*)
licenciado/a (6)
ligeramente (13)
ligero/a (1)
limitación, la (6)
limitado/a (*)
limitar (6)
limpiar (*)
lindo/a (*)
línea, la (*)
lineal (12)
líquido, el (5)
lírico/a (7)
liso/a (9)
llamada, la (7)
llamar (*)
llegar (*)
llenar (*)
lleno/a (*)
llevar (*)
llover (*)
lluvia, la (*)
lo (*)
lograr (7)
longitud, la (4)
los/las (*)
lotería, la (*)
luchar (7)
lucir(se) (9)
luego (*)
lugar, el (*)
luna, la (*)
luz, la (*)

M

machismo, el (13)
machista (14)
macho, el (13)
madera, la (11)
maderera, la (12)
maderero/a (12)

madre, la (*)
madrugada, la (1)
maestro/a, el/la (9)
majadero/a (10)
mal (14)
mal, el (6)
malicioso/a (*)
malo/a (*)
mandar (*)
manera, la (3)
manillar, el (11)
mantener (*)
manual (8)
manualmente (8)
mañana, la (*)
mañanitas, las (10)
maquillaje, el (9)
máquina, la (*)
mar, el (*)
marca, la (13)
marcar (*)
mariachi, el (10)
marido, el (13)
más (*)
masa, la (12)
máscara, la (15)
masculino/a (13)
matar (7)
materia, la (2)
matinal (13)
mayor (*)
mayoría, la (4)
me (*)
media, la (*)
mediante (11)
mediar (15)
médico/a, el/la (3)
medida, la (3)
medio, el (4)
mediocridad, la (6)
mediodía, el (*)
medir (1)
mediterráneo/a (3)
mejilla, la (1)
mejor (*)
mejora, la (4)
mejorar (*)
melancólico/a (14)
memoria, la (8)
menor (*)
menos (*)
mensajería, la (6)
menta, la (8)
menudo (*)
mercado, el (*)
mercurio, el (2)
mes, el (*)
mesa, la (*)
metro, el (*)
mexicano/a (10)
mi (*)
mí (*)
microondas, el (8)
mil (*)
milésima, la (9)
militar (*)
militarismo, el (15)
millón, el (*)

mineral, el (2)
mínimo/a (10)
minuto, el (*)
mío/a (6)
mirada, la (*)
mirar (*)
mismo/a (*)
mitad, la (*)
moda, la (*)
modelo, el/la (*)
moderador/ra (6)
moderno/a (*)
modo, el (6)
momento, el (*)
mono, el (5)
monstruo, el (4)
montaña, la (*)
montañoso/a (3)
monte, el (*)
moral (6)
moral, la (14)
moreno/a (*)
morirse (2)
mosquito, el (7)
mostrador, el (1)
mostrar (14)
motor, el (*)
mover(se) (*)
muchacho/a, el/la (10)
mucho/a (*)
muerte, la (2)
muerto/a (7)
muestra, la (10)
mujer, la (*)
multitud, la (2)
mundial (*)
mundiales, los (9)
mundo, el (*)
muñeca, la (9)
muñeco, el (15)
muro, el (3)
música, la (*)
músico/a (*)
mutuo/a (13)
muy (*)

N

nacer (*)
nacido/a (*)
nación, la (*)
nacional (*)
nada (*)
nadar (8)
nadie (*)
nariz, la (*)
natalicio, el (15)
nativo/a (15)
natural (12)
naturaleza, la (*)
naturalmente (*)
naufragio, el (7)
Navidad, la (15)
necesario/a (*)
necesidad, la (*)
necesitado/a (*)
necesitar (*)

negar(se) (7)
negativo/a (12)
negocio, el (*)
negro/a (*)
nervioso/a (*)
nevar (*)
ni (*)
Nicaragua (7)
nicaragüense (7)
niebla, la (12)
nieve, la (1)
ningún (*)
ninguno/a (*)
niño/a, el/la (*)
nítido/a (9)
no (*)
noche, la (*)
nocturno/a (8)
nogal, el (9)
nombrar (4)
nombre, el (*)
norma, la (14)
normal (*)
normalidad, la (*)
normalmente (8)
norte, el (*)
Noruega (4)
nos (*)
nosotros/as (*)
nostalgia, la (4)
notar (*)
noticias, las (1)
novio/a, el/la (*)
nube, la (12)
nuestro/a (*)
nuevo/a (*)
número, el (*)
nunca (*)

O

o (*)
obesidad, la (3)
objetivo, el (12)
objeto, el (*)
obligación, la (9)
obligado/a (3)
obligar (14)
obra, la (*)
observar (*)
obtener (3)
ocasión, la (10)
océano, el (2)
ocho (*)
ocultar (4)
ocupado/a (*)
ocupar(se) (4)
ocurrir (*)
odiar (*)
oficina, la (3)
ofrecer (*)
oír (*)
ojalá (12)
ojeada, la (8)
ojo, el (*)
olvidado/a (3)
olvidar (*)

operación, la (*)
opinar (4)
opinión, la (*)
oponerse (12)
oprimido/a (14)
opuesto/a (13)
ordenador, el (*)
oreja, la (1)
organismo, el (15)
organización, la (*)
organizar(se) (*)
origen, el (4)
original (*)
orilla, la (2)
oro, el (1)
oscuro/a (*)
otoño, el (*)
otro/a (*)
oxígeno, el (*)
ozono, el (5)

P

pachanga, la (10)
paciencia, la (4)
pacientemente (2)
padre, el (*)
padres, los (1)
paga, la (13)
pagar (*)
país, el (*)
pájaro, el (*)
palabra, la (*)
palma, la (12)
Panamá (4)
panameño/a (*)
pandilla, la (10)
panorámica, la (10)
pantalla, la (*)
pantalón, el (*)
panteón, el (10)
papel, el (*)
papeleta, la (10)
par, el (*)
para (*)
paradoja, la (13)
parar(se) (*)
parecer(se) (*)
parecido/a (15)
pared, la (2)
paro, el (15)
parte, la (*)
participante, el/la (8)
particular (4)
partido/a (6)
partido, el (*)
partir (8)
pasado/a (*)
pasado, el (13)
pasajero/a (*)
pasar (*)
pasear (*)
paseo, el (*)
pastelito, el (3)
patio, el (*)
paz, la (4)
peatón, el (*)

pecado, el (3)
pedal, el (11)
pedir (*)
película, la (*)
peligro, el (*)
peligrosidad, la (8)
peligroso/a (*)
pelo, el (*)
pena, la (*)
pendiente, el (*)
península, la (7)
pensar (*)
peor (*)
pequeño/a (*)
percibir (9)
perder(se) (*)
pérdida, la (5)
pereza, la (4)
perezoso/a (3)
perfeccionar (14)
perfecto/a (9)
perfumería, la (13)
periódicamente (9)
periódico, el (*)
período, el (12)
perjudicial (12)
permanente (*)
permisivo/a (14)
permitir(se) (*)
pero (*)
persona, la (*)
personal (*)
personalmente (6)
pertenecer (14)
Perú (5)
peruano/a (*)
pesar (9)
pescado, el (*)
pescar (7)
peseta, la (*)
peso, el (9)
pesticida, el (2)
petróleo, el (12)
petrolero/a (12)
picado/a (10)
picante (10)
picor, el (10)
piedra, la (*)
piel, la (*)
pila, la (8)
pintar(se) (*)
pirámide, la (10)
piraña, la (7)
plan, el (*)
planeta, el (5)
plano, el (*)
planta, la (*)
plantar (*)
plata, la (1)
plato, el (*)
playa, la (*)
población, la (4)
poblado/a (4)
poblado, el (12)
pobre (7)
pobreza, la (7)
poco/a (*)
poder, el (14)

poder (*)
poderoso/a (15)
poeta, el/la (15)
policía, el/la (*)
política, la (6)
político/a (*)
polo, el (5)
Polonia (4)
poner(se) (*)
popular (*)
por (*)
porcentaje, el (6)
porque (*)
porquería, la (2)
posibilidad, la (*)
posible (*)
posiblemente (15)
positivo/a (4)
potable (8)
potencial (13)
potente (12)
practicar (*)
precio, el (*)
precioso/a (*)
precisamente (14)
precisar (13)
precisión, la (9)
preciso/a (3)
predecir (12)
preferencia, la (*)
preferir (*)
pregunta, la (*)
preguntar(se) (*)
prehistórico/a (5)
premio, el (*)
preocupación, la (13)
preocupar(se) (2)
preparar(se) (*)
presa, la (12)
presencia, la (4)
presentar(se) (*)
presente (4)
presentir (10)
presidente/a (4)
presión, la (9)
presionar (8)
prestación, la (8)
préstamo, el (6)
prestar(se) (2)
prestigioso/a (14)
pretender (12)
primate, el/la (5)
primavera, la (*)
primer/ra (10)
primero/a (*)
primo/a (10)
principalmente (5)
príncipe, el (13)
prisionero/a (7)
privado/a (12)
probable (3)
probablemente (5)
problema, el (*)
problemática, la (6)
proceder (8)
producción, la (5)
producir (*)
productividad, la (4)

producto, el (*)
profesional (6)
profesor/ra (*)
programa, el (*)
prolongar (4)
pronto (*)
pronunciar (10)
propiedad, la (7)
propio/a (6)
proporcionar (9)
protección, la (9)
proteger (*)
prototipo, el (11)
provenir (12)
provincia, la (7)
provocar (5)
próximo/a (*)
proyecto, el (12)
prueba, la (*)
ptas. (*)
publicidad, la (13)
público/a (2)
pueblo, el (*)
puerta, la (*)
pues (*)
puesto que (15)
pulsar (*)
pulsera, la (1)
puro/a (9)

Q

que (*)
qué (*)
quedar(se) (1)
quejar(se) (3)
quema, la (15)
quemadura, la (8)
querer (*)
querido/a (*)
queso, el (*)
quien (7)
quién (*)
quince (*)
quincena, la (15)
quinto/a (*)
quizá(s) (*)

R

racional (6)
radiación, la (12)
radical (6)
radiocasete, el (13)
rallar (10)
ramo, el (10)
raro/a (*)
rascacielos, el (4)
rayar (10)
rayo, el (3)
raza, la (7)
razón, la (*)
razonable (6)
reacción, la (12)
realidad, la (5)
realista (15)

realizar (8)
realmente (5)
recámara, la (10)
recepcionista, el/la (*)
rechazar (13)
recibir (*)
recoger (*)
reconciliación, la (7)
récord, el (9)
recordar (*)
recorrer (*)
redondo/a (1)
reducir (8)
reemplazar (11)
referir(se) (6)
reflejar (9)
refrigeración, la (5)
refugiar(se) (4)
regalo, el (*)
regar (12)
regata, la (8)
regenerar(se) (5)
regente/a (4)
región, la (*)
regional (15)
regresar (4)
regular (9)
relación, la (*)
relacionar(se) (*)
relativamente (7)
relativo/a (9)
religión, la (14)
religioso/a (4)
rellenar (3)
reloj, el (*)
remar (7)
renegado/a (7)
renegar (13)
repartir (*)
repetición, la (8)
repetir(se) (*)
representar(se) (15)
requerir (8)
resguardar(se) (3)
resistencia, la (9)
respetar (*)
respeto, el (9)
respirar (5)
responder (*)
responsabilidad, la (4)
respuesta, la (6)
restaurante, el (*)
resto, el (2)
resultado, el (7)
retraso, el (*)
reunido/a (2)
revelar (13)
revisar (*)
revivir (9)
revolución, la (*)
revolucionario/a (9)
rey, el (*)
Reyes Magos, los (15)
rienda, la (9)
riesgo, el (6)
río, el (*)
riqueza, la (7)
riquísimo/a (3)

ritmo, el (5)
rizado/a (1)
roca, la (12)
rodear (14)
romano/a (2)
romper (*)
ropa, la (*)
rubio/a (*)
rudo/a (13)
rueda, la (11)
ruido, el (*)
ruidoso/a (*)
ruina, la (7)
ruso/a (*)

S

sábado, el (*)
saber (*)
sacar (*)
sala, la (9)
salida, la (*)
salir (*)
salsa, la (10)
salud, la (*)
saludar (10)
salvar (*)
sandinismo, el (7)
sandinista (7)
sanitario/a (8)
santo/a (10)
satélite, el (12)
satisfactorio/a (14)
satisfecho/a (6)
saturado/a (4)
se (*)
secar (12)
sección, la (2)
seco/a (7)
secreto, el (*)
sed, la (*)
sedán, el (10)
seguir (*)
según (*)
segundero, el (9)
segundo/a (*)
segundo, el (9)
seguridad, la (*)
seguro/a (2)
seis (*)
seiscientos (5)
selección, la (10)
selva, la (5)
semana, la (*)
Semana Santa, la (15)
sencillo/a (8)
sensación, la (9)
sentar(se) (*)
sentido, el (4)
sentir(se) (*)
señal, la (*)
señalar (*)
señor/ra, el/la (*)
separado/a (1)
separar (9)
séptimo/a (*)
ser, el (4)
ser (*)

serenata, la (10)
serie, la (*)
seriedad, la (14)
serio/a (*)
serpiente, la (7)
servicio, el (8)
servir (*)
sesenta (*)
sexo, el (13)
sexto/a (*)
si (*)
sí (*)
siempre (*)
siesta, la (4)
siete (*)
significar (10)
siguiente (*)
silencio, el (*)
similar (11)
simple (4)
sin embargo (2)
sin (*)
sino (8)
sistema, el (*)
situación, la (6)
situar (12)
soberbio/a (7)
sobre (*)
sobrevivir (7)
social (*)
sociedad, la (6)
sofoco, el (10)
sol, el (*)
solamente (*)
solar (3)
soler (1)
solicitante, el/la (3)
solicitar (*)
solicitud, la (3)
solidaridad, la (14)
solidario/a (14)
solitario/a (7)
solo/a (*)
sólo (*)
soltero/a (10)
solución, la (14)
solucionar (4)
sombra, la (3)
sonreír (10)
sonrisa, la (*)
sorprender (7)
sorpresa, la (*)
sospechar (10)
sospechoso/a (1)
su (*)
suave (*)
subdesarrollo (15)
subir (*)
subterráneo/a (12)
suciedad, la (2)
sudar (10)
suerte, la (*)
suficiente (12)
sufrir (4)
sumar (12)
sumergible (9)
superficie, la (2)
superpotencia, la (7)

supervivente, el/la (7)
supletorio/a (8)
suponer (4)
sur, el (*)
suyo/a (6)

T

taco, el (10)
tal (3)
talado/a (12)
tamaño, el (5)
también (*)
tampoco (*)
tan (*)
tanto/a (*)
tarde (1)
tarde, la (*)
tarea, la (7)
tarifa, la (8)
te (*)
tecla, la (*)
tecnología, la (9)
tecnológicamente (9)
tecnológico/a (4)
tejado, el (3)
telecomunicaciones, las (11)
telefónico/a (8)
teléfono, el (*)
televisión, la (*)
televisor, el (*)
tema, el (*)
temperatura, la (8)
tendencia, la (13)
tener (*)
teoría, la (5)
tequila, el (10)
tercer/ra (12)
tercero/a (*)
terminar (15)
término, el (9)
termostato, el (*)
terrestre (*)
ti (2)
tiempo, el (*)
tierra, la (*)
típicamente (4)
típico/a (15)

tipo, el (1)
tirar (*)
titulares, los (7)
tlacoyo, el (10)
tocar (5)
todavía (*)
todo/a (*)
tolerancia, la (13)
tomar(se) (14)
tonelada, la (2)
tono, el (8)
tontería, la (6)
torta, la (10)
tortillería, la (10)
total, el (*)
totalmente (14)
trabajador/ra, el/la (14)
trabajar (*)
trabajo, el (6)
tradición, la (3)
tradicional (3)
traer (*)
trágico/a (14)
tranquilo/a (*)
transportar (*)
tras (2)
tratado, el (15)
tratar (9)
travesía, la (15)
tremendo/a (10)
tres (*)
trescientos (11)
tribu, la (7)
trompeta, la (10)
tropical (5)
tu (*)
tú (*)
tubo de escape, el (11)
tubo, el (8)
tumba, la (10)
turista, el/la (*)
turístico/a (*)
tuyo/a (*)

U

u (13)
último/a (*)
un/una (*)

único/a (9)
unión, la (13)
unir (4)
universidad, la (*)
universitario/a (6)
uno (*)
urbe, la (4)
urgente (*)
usado/a (5)
usar (*)
uso, el (3)
usted (*)
útil (*)
utilizar (*)

V

valer (*)
valor, el (4)
valorar (9)
vapor, el (10)
vaqueros, los (*)
variable, la (12)
variación, la (12)
vario/a (5)
varón, el (1)
vecino/a (2)
vegetación, la (*)
velocidad, la (*)
vendedor/ra, el/la (6)
Venezuela (5)
venganza, la (7)
venir (*)
ventaja, la (8)
ventana, la (*)
ver (*)
verano, el (*)
verdad, la (*)
verdadero/a (10)
verde (*)
verdoso/a (1)
vergüenza, la (14)
vestíbulo, el (10)
vestido, el (*)
vestir (*)
vestuario, el (13)
vez, la (*)
viaducto, el (10)

viaje, el (*)
vicepresidente/a, el/la (6)
víctima, la (13)
victorioso/a (10)
vida, la (*)
vídeo, el (9)
videojuego, el (13)
videoteléfono, el (11)
viejo/a (*)
viento, el (2)
vigilar (8)
virgen (7)
visitante, el/la (10)
visitar (*)
visualizador/ra (8)
vital (4)
vitalidad, la (14)
vivienda, la (3)
vivir (*)
vivo/a (3)
vochito, el (10)
volar (5)
volcán, el (10)
volcánico/a (4)
volumen, el (2)
voluntad, la (15)
volver (*)
vosotros/as (*)
votar (6)
voto, el (6)
voz, la (*)

W

WC, el (8)

Y

y (*)
ya (*)
yo (*)
Yucatán (7)

Z

Zaire (5)
zona, la (2)